Marko Wild

Aus dem Leb

D1671314

Marko Wild

Aus dem Leben
eines Ver-rückten

Auf der Liste der einsamsten Personen
meiner Stadt stehe ich auf Rang vier ...

Projekte-
Verlag

Impressum

1. Auflage
Satz und Druck: Buchfabrik JUCO GmbH • www.jucogmbh.de

© Projekte-Verlag 188, Halle 2005 • www.projekte-verlag.de
ISBN   3-938227-54-0
Preis: 9,90 EURO

1

Auf der Liste der einsamsten Personen meiner Stadt stehe ich auf Rang vier. Woher ich das weiß? Ich weiß es nicht. Das heißt, ich weiß es schon, nur nicht so, dass ich es beweisen könnte. Ich weiß es, weil ich es geträumt habe. Zwei Mal. Und weil es mir meine innere Stimme sagte. Und zwar heute – deshalb bin ich ja so aufgeregt darüber. Ich ging auf der Straße entlang, wollte zum Bäcker, um mir Brötchen für morgen früh zu holen, da hörte ich in mir: „Auf der Liste der einsamsten Personen meiner Stadt stehe ich auf Rang vier." Es ist übrigens immer der gleiche Satz. Immer die gleichen Worte: auf der Liste der einsamsten Personen meiner Stadt stehe ich auf Rang vier. Das ist alles. Es geht mir nicht mehr aus dem Kopf. Ich beginne mich langsam zu fragen, ob das vielleicht etwas zu bedeuten hat. Was soll das! Ich weiß es nicht. Sagen Sie es mir! Was soll das zum Beispiel bedeuten: Rang vier? Wieso nicht Rang neunzehn oder Rang 11 126? Unsere Stadt ist riesig. Ich soll wohl der vierteinsamste Mensch hier sein? Das kann ich mir nun wirklich nicht vorstellen. Es ist zwar wahr – ich bin einsam, sehr einsam sogar. Ich bin so einsam, dass ich sogar vergessen hatte, wie einsam ich bin. Ich hatte es einfach vergessen, können Sie sich das vorstellen? Bis dieser Tage hatte ich es vergessen, bis dieser Satz in meinem Kopf auftauchte. Aus heiterem Himmel tauchte er auf. Denken Sie etwa, ich habe mir diesen Satz absichtlich ausgedacht? Nie im Leben! Ich stelle mich doch nicht hin und denke, so, was könnte ich jetzt denn am besten einmal denken? Ach ja – auf der Liste der einsamsten Personen meiner Stadt stehe ich auf Rang vier. Ich bitte Sie, das wäre doch wirklich zu krank. Es geht mir ja gut. Ich bin gesund, völlig in Ordnung. Es geht mir ja nicht einmal schlecht, weil ich so einsam bin. Die Zeiten, in denen ich noch darunter gelitten habe, sind lange vorbei. Es geht mir gut! Und dann dieser Satz. So geheimnisvoll. Beinahe kryptisch – wissen Sie, was kryptisch ist? Besser, Sie wissen es nicht! Aber gerade deswegen zieht er mich so an. Er hat meine volle Aufmerksamkeit. Und ich habe ja viel Zeit darüber nachzudenken. Ich arbeite nicht, müssen Sie wissen. Mein Geld kommt vom Staat. Ist zwar nicht viel, aber ich brauche auch nicht viel. Die bezahlen mir sogar eine Zeitung. Gehört zu den Grundbedürfnissen des Lebens, haben die mir erklärt. Die haben mich gefragt: Fernseher oder Zeitung? Fernseher ist gefährlich, habe ich mir gedacht. Muss man nicht mehr selber denken. Ja, da bin ich hart. Gut erzogen könnte man auch sagen. Wir werden Sie schon noch hart machen! Oh, wie oft ich das gehört habe. Bis es mir zu den Ohren wieder rausgekommen ist. Aber anscheinend hat es was gewirkt. Zeitung, habe ich gesagt. Komisch nicht? Arbeit geht nicht. Aber einen Fernseher oder eine Zeitung bezahlen wir Ihnen. Vielleicht, weil man davon dumm wird.

Na, ich hab jetzt die Zeitung und bin ganz froh darüber. Ist eigentlich meine einzige Verbindung zur Welt. Außerdem lese ich gerne. Bücher kann ich mir im Moment nicht leisten, jedenfalls neue nicht. Ich lese jeden Tag bestimmt sechs Stunden in der Zeitung. Das gibt sie her. Ist eine dicke Zeitung. Zwischen sechzig und hundert Seiten, je nach Beilage. Ich bin auch nicht wählerisch – ich lese alles. Danach ist mein Kopf jedes Mal so voll gepumpt, dass ich wie betäubt bin; ich brauche dann hinterher völlige Ruhe. Da denke ich auch nichts mehr, sondern gehe einkaufen oder so. Sie werden vielleicht merken, dass ich etwas unsystematisch verfahre. Ich muss mich entschuldigen – es ist das erste Mal, dass ich etwas erzähle, also eine Geschichte oder so. Wissen Sie, weshalb ich das tue? Der Satz! Der Satz lässt mich nicht los. Wenn er ein Mal aufgetaucht wäre, oder meinetwegen auch zwei Mal. Aber drei Mal so eindeutig, wie ein Banküberfall. Ich schätze, ein Banküberfall lässt einen auch nicht mehr so schnell los. Und wenn man drei Mal in einen Banküberfall gerät, beginnt man sich sicher auch zu fragen, ob mit einem selbst was nicht stimmt. Der Satz war wie ein Banküberfall für meinen Kopf. Ja, das ist ein guter Vergleich! Er hat meine Datenbank überfallen, mein Gedächtnis, mein Bewusstsein, und hat etwas geraubt. Er hat mir die Sicherheit geraubt, dass alles in Ordnung ist. Das habe ich nämlich gedacht, seit ... mindestens seit ich arbeitslos bin und die Zeitung bezahlt bekomme. Aber jetzt denke ich nicht mehr, dass alles in Ordnung ist. Hör sich das einer mal an: Auf der Liste der einsamsten Personen meiner Stadt stehe ich auf Rang vier. Warum „meiner Stadt"? Wenn die Worte von außen kommen, müsste es doch heißen „von deiner Stadt", oder? Oder wäre das dann zu eindeutig? Will derjenige nicht so schnell erkannt werden? Will er mich heiß machen? Denn eines ist klar: ausgedacht habe ich mir das nicht. Wenn der – wer auch immer es sein mag – der diese Worte zu mir spricht mich heiß machen will, kann ich ihm eines versichern: er hat es geschafft!

Ich glaube übrigens nicht, dass es ein Er ist. Ich glaube eher, dass es eine Sie ist. Wissen Sie wer ich glaube, dass es ist? Ich glaube, es ist meine Mutter. Ich glaube, meine Mutter spricht schon lange zu mir. Sie ist ja jetzt schon fast zwanzig Jahre tot. Aber ich kann mich noch gut an sie erinnern. Ich kann mich zwar nicht mehr an viel erinnern, aber das Wenige, was ich noch sehe, ist einfach herrlich. Ich glaube, meine Mutter war der beste Mensch, der jemals gelebt hat. Jedenfalls für mich. Sie strahlt irgendwie wie Licht, wenn ich sie sehe. Sie sieht fast aus wie ein Engel. Meine Mutter hat mich einmal mit in die Kirche genommen. Es war zu einer Morgenmesse, früh um sechs oder so. Nur ganz wenige Menschen waren gekommen. Es gab das Abendmahl und ich blieb auf der Bank sitzen. Als meine Mutter den Weinkelch nahm und trank, geschah das Wunder! Da brach die Sonne durch das riesig

hohe, bunte Fenster im Altarraum und die Strahlen fielen genau auf meine Mutter und ich saß genau hinter ihr. Das war ein Moment, den werde ich mein Leben lang nicht vergessen. Sie trank und sie hatte ein weißes Kleid an – unglaublich, wenn ich daran denke, kann ich fast gar nicht glauben, dass das alles so zusammentraf – und das Sonnenlicht glitzerte um ihren Körper herum. So bunt, in allen Farben! Ich konnte nicht in das Licht sehen. Es war zu hell, die Augen taten weh. Also sah ich auf meine Mutter. Das war herrlich. Eine Woche später war sie tot. Erschlagen. Ich weiß wer es war. Aber man machte einen Unfall daraus. Mit sechzehn verließ ich das Haus und kam nie wieder zurück. Mein Vater war ein harter Mann. Oberstleutnant. Er wollte, dass ich eine militärische Laufbahn einschlage. Ich wollte nicht. Es war einfach hässlich. Also schickte er mich wenigstens für drei Jahre dort hin. Er ließ mir sogar die Wahl. Ich wollte so weit wie möglich fort sein und ging zur Marine. Mit sechzehn, gleich nach der Schule. Mit neunzehn kam ich nur noch einmal zurück, um meine Sachen zu holen und zog in diese Stadt. Hier lebe ich seit sieben Jahren. Ganz allein. Es gibt niemanden. Wissen Sie, die Leute sagen immer, wenn die Soldaten von der Front zurückkommen, dann sind sie kriegsgeschädigt. Ich glaube, man kann auch kriegsgeschädigt sein, ohne an der Front gewesen zu sein. Ich war nie im Krieg. Aber es gibt Dinge, die sind bestimmt genauso schlimm. Zum Beispiel, wenn man seine Mutter verliert und nie darüber reden darf. Sie war so gut. Ich glaube, das hat mir das Herz gebrochen. Ich weiß, dass sie mich liebte, ich weiß es. Schließlich war ich das einzige Kind. Mein Vater hat eine andere Frau geheiratet. Es hat einige Jahre gedauert, aber trotzdem ... Die andere hat mich nie interessiert. Ich denke, sie sind heute noch zusammen. Ich glaube, sie wohnen immer noch in · · · · ·
Meine richtige Mutter hat sehr bald angefangen mit mir zu sprechen. Immer wenn ich nicht genau weiß was ich tun soll,

höre ich diese innere Stimme. Ein, zwei Mal habe ich mich nicht daran gehalten ... gut, vielleicht auch fünf oder zehn Mal. Aber meistens schon. Was sie ganz oft sagt, ist: „Das ist nichts für dich." Wenn ich nachts an einer Kneipe vorbeigehe, aus der laute, dumpfe Musik kommt, dann höre ich immer: „Das ist nichts für dich." Ich glaube, ich war sogar schon einmal in einer Kneipe, aber ich muss sagen, es stimmte – das ist nichts für mich. Ich gehe nie in irgendwelche Kneipen. Wenn ich eine Frau sehe, höre ich: „Das ist nichts für dich." Ich kann mir ehrlich gesagt auch gar nicht vorstellen, wie das sein sollte – eine Frau und ich.

Ich denke, die Stimme will mich nur beschützen. Deshalb glaube ich ihr. Es ist zum Beispiel schon einmal passiert, dass ich auf dem Fußsteig laufe und da kommt diese Zeitung auf mich zu geweht. Immer schön am Boden lang, genau auf meine Füße zu. Ich wollte schon rauftreten, um das Geräusch zu hören, da sagte die Stimme in mir: „Das ist nichts für dich." Also hob ich mein Bein weit über die Zeitung und siehe da, als ich darüber hinweg stieg, sah ich, dass sie innen ganz voll frischer, brauner Farbe war. Das hatte ich von vorn bloß nicht gesehen. Aber ich wäre voll rein getreten, wenn mich nicht die Stimme gewarnt hätte.

Und jetzt höre ich eben schon seit vorgestern diesen neuen Satz. Ich würde es ja wie gesagt vielleicht nicht so sehr beachten, wenn da nicht etwas Seltsames dabei wäre. Die Worte sind viel eindringlicher als sonst. Sie sind irgendwie klarer. Wissen Sie, wenn ich „das ist nichts für dich" höre, dann ist das halb Gedanke, halb Gefühl. Aber das mit der einsamsten Person auf Rang vier ist ... greifbarer, könnte man sagen. Es ist lauter. Und es geht nicht mehr weg. Und es bezieht sich auf nichts Eindeutiges.

Was ist das – die Liste der einsamsten Personen dieser Stadt? Wo gibt es die? Bei welchem Amt? Steht das in der Zeitung? Ich habe nie davon gehört. Außerdem – wer will das überprüfen?

Das kommt mir alles spanisch vor. Hmm. Jetzt erzähle ich hier und erzähle ... warum eigentlich? Sie dachten wohl, ich will nur ein bisschen plaudern? Nein nein, das hat schon seinen Grund. Ich will es Ihnen sagen. Sie müssen sich vorstellen, Sie sind quasi die Menschen, die ich so nicht habe. Das ist jetzt endlich mal ein Abenteuer. Das kann ich nicht für mich behalten. Wieso ein Abenteuer? Ganz einfach, weil ich die Liste überprüfen werde. Und ich sage Ihnen noch etwas: ich habe das Geheimnis der Botschaft – seien wir doch einmal ehrlich: ich weiß nicht, ob *Sie* das für eine Botschaft halten, aber *ich* tue das, ganz bestimmt! Für mich ist es eindeutig eine Botschaft, von wem auch immer. Wahrscheinlich von meiner Mutter. Also was ich sagen wollte: ich habe das Geheimnis der Botschaft entdeckt. Ich sage Ihnen ja, ich habe viel Zeit zum Nachdenken. Das Geheimnis, das Besondere an der Botschaft ist ja die Tatsache, dass ich auf Rang vier stehen soll. Angeblich. Das ist doch wirklich etwas Besonderes. Eigentlich das einzige Besondere, die einzige wirkliche Behauptung an der Sache. Also muss man doch auch das am meisten beachten. Und was sagt uns das? Ich auf Rang vier? Erstmal gar nichts. Und was sagt uns Rang fünf bis unendlich? Auch nichts. Viel zu viele. Das Geheimnis ist, es geht eigentlich um Rang eins bis drei. Bin ich mir völlig sicher.
Die Frage ist: Wer sind die drei einsamsten Personen dieser Stadt? Wer ist so einsam, dass er noch einsamer ist als ich? Ich sage Ihnen: das werde ich herausfinden. Das ist meine Aufgabe, ganz klar. Sonst hätte ich die Botschaft nicht gehört. Wer, außer mir, sollte dazu außerdem in der Lage sein? Wer hat so viel Zeit wie ich? Wer denkt so viel nach wie ich? Wer glaubt, dass er diese Aufgabe erledigen kann?
Ein bisschen irrwitzig klingt es ja schon. Ich habe auch noch keinen blassen Schimmer, wie mir das gelingen soll. Trotzdem. Ich sage Ihnen: hier passt etwas ganz gewaltig zusammen. Sie werden es sehen. Ich bin überzeugt davon.

2

Ich habe heute den ganzen Tag nachgedacht. Etwas Passendes ist mir leider noch nicht eingefallen. Eine passende Methode meine ich. Es ist zwar erst ein Tag vergangen, seit ich mir vorgenommen habe das Rätsel zu lösen, aber es ärgert mich schon ein bisschen. Vor allem, weil ich so wild darauf bin loszulegen. Ich könnte wirklich, wenn jetzt jemand kommen würde und mir sagen würde, das und das und das hast du zu tun, ich könnte wirklich rausgehen und *booork!* Ich spüre richtig, wie sich die Energie in mir anstaut. Na ja, auf der anderen Seite bin ich auch ziemlich müde. Vom vielen Nachdenken. Ich habe mir wirklich das Gehirn zermartert, wie man es anstellen könnte. Jetzt tut mir richtig der Kopf weh.

Angefangen habe ich so: Ich sehe mein Leben und nehme die Tatsache dazu, dass ich angeblich die vierteinsamste Person in dieser Stadt sein soll. Wie könnte demnach das Leben von jemandem aussehen, der noch einsamer ist? Es müsste auf alle Fälle irgendwo ziemlich elend sein. Aber was ist elend? Worauf bezieht sich elend? Man kann ja auf so viele Arten elend dran sein. Und selbst dann muss man noch nicht einmal einsam sein. Diese Stadt ist sehr groß und es gibt von jeder Sorte Mensch unzählig viele.

Ich kam zu dem Schluss, dass ich so nicht weiter komme. Das ist mir alles keine Hilfe, um herauszufinden, wo ich suchen müsste. Es könnte sowohl ein solcher als auch ein solcher Mensch sein. Die Vermutung liegt allerdings schon nahe, dass diese Jemande so ähnlich sind wie ich. Ist aber nur eine Vermutung und hilft mir deshalb überhaupt nicht weiter. Wenn ich rausgehe in die Stadt und einen nach dem anderen frage, dauert es erstens Jahre bis ich fertig bin. Und zweitens weiß ich dann bestimmt nicht, wie ich das, was mir jeder geantwortet hat – wenn mir überhaupt jeder antwortet – mitein-

ander vergleichen soll. Die Menschen sagen vielleicht etwas völlig Verschiedenes, und dann müsste ich entscheiden, ja dieser ist einsamer als jener und so weiter. Das kann ja nichts werden. Das wäre reine Interpretationssache. Fragebögen wären nicht schlecht. Dann müssten alle die gleichen Fragen beantworten. Aber wo soll ich die herbekommen? Ich kann doch nicht Hunderte oder Tausende mit der Hand schreiben! Und was ist mit denen, die nicht antworten würden? Kann ja auch vorkommen. Was ist, wenn dann gerade da einer von denen dabei wäre, die ich suche? Da kommt man zu überhaupt nichts, zu *überhaupt* nichts. Das hat mich zwischenzeitlich richtig wütend gemacht. Da denkt man nach und denkt nach – und merkt eigentlich immer mehr, wie dumm man ist und dass man eigentlich gar nichts kann und gar nichts weiß. Zum Verrücktwerden! Als nächstes habe ich mir dann gedacht, um den Aufwand in Grenzen zu halten, könnte man ja gleich irgendwelche Gruppen aussortieren. Zum Beispiel junge Mütter. Die gehen ganz in ihren Kindern auf, die sind bestimmt nicht so einsam wie ich oder noch einsamer. Aber die Frage ist: *stimmt* das denn? Ich kann doch nicht in sie hineinschauen! Sie können doch trotzdem einsam sein. Woher will ich denn das wissen. Da war ich wieder beim gleichen Dilemma – wirklich sicher sein kann man da überhaupt nicht, zumindest wenn man das Rätsel wirklich lösen will, und das will ich ja. Unbedingt! Also, da mich das auch nicht weiterbrachte, dachte ich schon über ganz idiotisches Zeug nach, wie zum Beispiel irgendwie Aufmerksamkeit zu erregen, durch eine Anzeige oder so, so dass sich die Allereinsamsten von selber bei mir melden müssten. Aber das ist doch auch alles nur Quatsch.
Wer einsam ist, meldet sich doch nicht von selber, oder? Ich habe jetzt so lange darüber nachgedacht, dass ich fast denke, ich kann sie eigentlich gar nicht finden. Ich bin fast ein bisschen verzweifelt! Denn ich glaube ja immer noch, dass ich sie

finden soll. Aber wie!? Wie soll ich das bitteschön anstellen? Das ist das Vertrackte daran.

Es hat mich richtig ein bisschen runtergezogen. Ich glaube zwar noch, dass ich das Rätsel lösen werde – aber ich glaube es schon ein bisschen weniger als gestern. Ich habe auch letzte Nacht den Satz nicht geträumt und ihn auch heute tagsüber nicht gehört. Es war aber doch keine Täuschung, ganz sicher nicht! Zum Glück habe ich ja begonnen es aufzuschreiben. Da kann ich es wenigstens nachlesen, falls ich anfangen sollte, daran zu zweifeln. Wo ich jetzt wirklich am Zweifeln bin ist, ob ich es überhaupt kann. Da bin ich mir überhaupt nicht mehr sicher.

3

Ich denke nicht mehr, dass ich es kann ... Ach, es ist ja noch viel schlimmer: ich *weiß*, dass ich es nicht kann. Wirklich. So sicher wie ich mir erst war, dass der Fall ein Fall für mich ist, so sicher weiß ich jetzt, dass ich es selbst nicht kann. Jedenfalls im Moment, wenn alles so weitergeht und nichts Umwälzendes geschieht.

Ich habe heute wieder den ganzen Tag nachgedacht – allerdings nicht mehr so viel wie gestern, weil ich ja sowieso zu keinem anderen Ergebnis gekommen bin. Ich habe sogar sehr bald aufgehört darüber nachzudenken, wie ich denn die drei finden könnte. Absichtlich aufgehört, es hat richtig wehgetan! Ich wollte mir aber nichts mehr vormachen und habe mir endlich eingestanden, dass ich sie nicht finden kann. Und jetzt? Ist jetzt alles aus? Das kann es doch nicht gewesen sein! Das will ich einfach nicht glauben, dass es das gewesen ist! Ich habe zwar den Satz letzte Nacht wieder nicht geträumt und auch heute tagsüber war er nicht da, doch das kann auch daran liegen, dass ich gar nicht hingehört habe. Ich war ja viel zu beschäftigt mit nachdenken. Deshalb werde ich mir jetzt einen schönen ruhigen Abend machen. Es gibt bestimmt ein Abendrot und das kann ich von meinem Fenster aus immer gut sehen. Ich hoffe, es wird ein ruhiger Abend und ich bin dann nicht mehr so niedergeschlagen. Es hätte echt eine Geschichte werden können. Ich war so fasziniert ...!

4

Das ist es! Das ist es! Ich habe die Lösung gefunden! Oh herrlich, ich freue mich ja so, ich habe es! Es ist ganz einfach. So einfach! Es klingt zwar ein bisschen verrückt, eigentlich total verrückt, aber nur für Sie – nicht für mich! Aber der Reihe nach. Ich will ja nicht gleich das Beste am Anfang schon verraten.
Ich hatte es ja vorausgesagt – es gab tatsächlich ein Abendrot. Die Nacht lässt sich zwar nicht mehr aufhalten, aber es ist immer noch nicht ganz verschwunden. Sehr entspannend, kann ich nur empfehlen. Suchen Sie sich ein Abendrot wenn Sie verwirrt sind, und Sie werden wieder etwas klarer werden. (Ich weiß nicht, ob das wirklich stimmt. Bei mir hat es aber jedes Mal gewirkt.) Ich schaute einfach in das Rot am Horizont. So vielschichtig, von Gelb und Orange und Gold ging es über in Feuerrot und Bläulich-Rosa und Dunkelweinrot – einfach herrlich. Dann die Kondensstreifen der Flugzeuge noch dazu, die wieder ganz anders aussahen, so leuchtend, so ... na ja. Ich wollte ja etwas ganz anderes erzählen. Es war sehr friedlich da hineinzuschauen, wirklich sehr friedlich. In meinem Kopf hämmerte zwar immer noch der letzte Satz – mein persönliches Versagen könnte man es nennen. In mir kreiste der Gedanke, dass ich selbst sie nicht finden kann. Ich kann sie nicht finden,

ich kann sie nicht finden, immer so weiter, die ganze Zeit. Doch auch das wurde nach und nach weniger, weil mich ja, wie gesagt, das Abendrot ausgesprochen beruhigte. Und plötzlich schien ich es sogar vergessen zu haben. Ich war ganz friedlich, ohne einen einzigen Gedanken. Nach einer Weile dachte ich dann, was war das gleich noch mal, was mir keine Ruhe ließ? Ich musste mich wirklich anstrengen, dass es mir wieder einfiel. Es war fast, als ob es weggesperrt war. Mir lag es auf der Zunge – und dann hatte ich es, und ein Tor ging auf und die Lösung aller Lösungen lag vor mir. Ja, die Lösung lag im Abend rot, am Horizont – im Horizont. Ich konnte sie so deutlich sehen, dass ich wirklich auf der Stelle zu lachen anfing – richtig laut und richtig lange. Wahrscheinlich vor Erleichterung. Aber es war auch komisch, dass ich mich so abgemüht hatte – und dann war es ganz anders und dabei so einfach. Ich dachte also, was war es, worüber ich vorhin so niedergeschlagen war? Ach ja, dass ich die drei nicht selbst finden kann. Na und, dachte ich, wieso muss *ich* sie denn finden? Es kann sie doch auch jemand anderes finden. Aber wer sollte dieser Jemand anderes sein, da ich ja mit niemandem Kontakt habe? Sofort hatte ich auch hier die – ich weiß es, wie man nur etwas wissen kann, das man eigentlich nicht wissen kann – hatte ich auch hier die richtige Lösung: Der, der die drei für mich finden wird, besucht mich jeden Morgen. Er heißt „Horizont" und ist meine Tageszeitung. Die Zeitung, ja es ist verrückt, die Zeitung wird sie für mich finden!
Ich werde in der Zeitung lesen, wer die dritteinsamste, die zweiteinsamste und die einsamste Person dieser Stadt ist. Natürlich wird es da nicht so einfach drinstehen, wohl gar in der Überschrift oder so. Solche Sachen stehen nicht in der Zeitung, das weiß jeder.
Aber Sie haben ja keine Ahnung, wie viel man zwischen den Zeilen lesen kann. Und es geht weiter. Zwischen den Zeilen zu lesen geht ja noch. Aber es stehen auch ganz versteckte

Dinge darin, die man nicht zwischen den Zeilen lesen kann, sondern die man zusammensetzen muss wie ein Puzzle. Man muss kombinieren, ungewöhnliche Kleinmeldungen zueinander in Bezug setzen, sich vielleicht erst einmal etwas vormerken und für die endgültige Aufklärung auf später hoffen – auf morgen oder die Wochenendausgabe. Ich liebe dieses Spiel. Es ist meine liebste Beschäftigung. Und ich sage Ihnen, bei durchschnittlich achtzig Seiten pro Tag kommt einiges an Stoff zusammen.

Manchmal – verrückt, unglaublich aber wahr – steht eine Aussage im Lokalteil, irgendetwas Komisches, das keiner beachten würde. Und zwei ganze Teile, also fünfundzwanzig Seiten weiter vorn steht unter „Auslandspanorama" etwas, das haargenau dazu passt und einem fast die Luft verschlägt. Ein Beispiel kann ich ja mal erzählen. Es ist meine bisher aufregendste Entdeckung.

Im „Sportpanorama" stand ein kleiner Bericht drin, dass eine europäische Handball-Nationalmannschaft eine dreitägige Reise in ein zentralasiatisches Land unternimmt (nicht die Mongolei!), wo sie ein Freundschaftsspiel absolvieren wird und dann nach China weiterreist, den Jangtse-Staudamm besuchen will, von dort aus die Heimreise antreten will und so weiter und so weiter. Die Kosten der Reise würden hauptsächlich von ihrem Sponsor – einem einheimischen Energieunternehmen – organisiert, dass sich für die Leistungen in der vergangenen Saison bedanken wollte. Man kennt das ja. Wieso, fragte ich mich, fliegt eine europäische Handball-Nationalmannschaft ausgerechnet in dieses zentralasiatische Land? Um dort ein Freundschaftsspiel zu absolvieren? Warum fliegen sie nicht gleich zu den Chinesen, wo es bestimmt aufregender ist? Und warum fliegen sie jetzt, mitten in der neuen Saison? Schon seltsam, oder? Jedenfalls, was ich sagen wollte, fand ich es auch noch aus einem anderen Grund seltsam, weil ich nämlich kurz vorher einen anderen Bericht – einen etwas größeren – im „Wirtschaftspanorama" der Zeitung, gelesen hatte, dass sich das Flughafenpersonal genau dieses europäischen Landes in einem mehrtägigen Generalstreik befindet. Sie wollten 15 Prozent mehr Lohn. Womit fliegen die Handballer denn dann, fragte ich mich. Schicken die Zentralasiaten ein Flugzeug her, das die Handballer abholt? Kann man sich eigentlich nicht vorstellen. Und mit dem Schiff wird das nicht eine dreitägige, sondern eine dreimonatige Reise. Ich wurde ernsthaft neugierig, dachte mir aber immer noch nichts. Einen wirklich heiklen Punkt fand ich dann zufällig im Zeitungsteil „Gesellschaftspanorama". Da gibt es eine Rubrik, die täglich Wissenswertes über das Rechtssystem des modernen Europa erzählt. Damit soll den Lesern nahe gebracht werden – so sehe ich das – dass sie jetzt erstens alle Europäer sind und keine Spanier, Ungarn, Isländer oder Deutsche mehr und wie das zweitens funktioniert, was da jetzt anders ist. In dem Teil stand ein Bericht über die Zollbestimmungen und Kontrollen an Flughäfen. Es hieß, in Europa sei die Sicherheit auf Flughäfen relativ groß, im Gegensatz zu einigen anderen Ländern (es wurden einige benachbarte aufgezählt), wo auf Flughäfen manche Personen oder Gruppen immer noch völlige Immunität genießen würden, wie zum Beispiel Politiker, Filmstars oder berühmte Sportler. Aha, dachte ich, die Handballmannschaft ist eine ganze Gruppe berühmter Sportler. Sie kann nicht direkt fliegen, also wird sie – es würde von der Entfernung passen, da war nichts Günstigeres – mit der Bahn zu diesem anderen Flughafen fahren. Bekanntlich sind die Zollkontrollen im Zug am schlechtesten. Von diesem anderen Flughafen aus, wo berühmte Sportler „Immunität genießen", würden sie dann, weil das Land enge Beziehungen nach beiden Richtungen hat, in das zentralasiatische Land fliegen. Ich merkte es mir irgendwo. Zwei Tage später las ich wieder über dasselbe europäische Land, dass dort ein Energieunternehmen, nämlich genau der Sponsor unserer Handballmannschaft, in einen großen Skandal verwickelt ist. Wirtschaftsjournalisten hatten herausgefunden, das Unter-nehmen versucht zu vertuschen, dass ihm jüngst eine ganze Anzahl alter Brennstäbe abhanden gekommen ist. Etwa ein Vierteljahr später las ich im „Wissenschaftspanorama" eine Liste aller Staaten, die die Atombombe haben. Eine andere Liste führte Länder auf, die kurz vor der Entwicklung der Atombombe stehen. Dazu stand ein Artikel, der mit dem Satz endete, dass vor kurzem sogar dieses zentralasiatische Land „in aggressivem Ton" verkündete, an der Atombombe zu arbeiten. Und da machte es bei mir endgültig klick! Mich sollten sie fragen, die berühmten Wirtschaftsjournalisten! Die Brennstäbe sind denen nicht „abhanden gekommen", nein, nein. Die haben hübsch ihren Weg im Equipment-Container gemacht, versteckt zwischen gesponserten Trainingshosen und gesponserten Getränkekisten.

Sagen Sie jetzt nicht, die Handballer und die zentralasiatische Atombombe, das ist alles nur Zufall. Ich meine, die Mongolen hatten immerhin mal einen Dschingis Khan. Und die Turkmenen einen Enver Pascha. Oder waren es die Armenier? Wer weiß ...

Das war jetzt mal *ein* Beispiel (mein bestes).

Manchmal stehen aber auch einfach nur mehrere Artikel zu einem Thema (zum Beispiel Wirtschaft/Arbeitsmarkt) auf zwo, drei aufeinander folgenden Seiten. In keinem Artikel steht besonders viel. Aber wenn man sie alle gelesen hat, bekommt man doch einen recht guten Überblick. Interessant sind auch die Kontaktanzeigen. Die meisten Sachen sind aber überhaupt nicht geheim und eher normal oder zufällig. Ich weiß nur was ich weiß und ich weiß, dass in der Zeitung mehr steht, als die meisten Leser mitkriegen. Und so werde ich es machen. Ich werde einfach mein System anwenden und hoffe, dass ich so die richtigen Personen finden werde. Ich glaube, ich werde sie erkennen. Es muss ja so sein. Wie soll es sonst sein?

5

Ich muss noch etwas anderes gestehen. Seit die Sache mit dem Satz aufgetaucht ist, fange ich an, das ganze Seelenelend meiner Einsamkeit zu erahnen. Eigentlich hat sich ja nichts verändert. Nichts! Ich stehe morgens genau um die gleiche Zeit auf wie sonst. Ich hole die Zeitung aus dem Briefkasten. Ich werfe einen Blick auf die Titelgeschichte. Ich koche mir Kaffee, mache mir vier halbe Brötchen – zwei mit Himbeermarmelade und zwei mit Salz. Ich gehe ins Bad. Dann ist der Kaffee fertig. Ich setze mich hin, frühstücke und lese zuerst die letzte Seite – die bunte Seite. Damit werde ich warm. Und so kann ich mich dann langsam durcharbeiten: Titel, Leitartikel, Gastkommentar, Auslandspanorama und Lokalteil. Dann bereite ich das Mittagessen zu, esse und lese weiter, meistens mit dem Gesellschaftspanorama oder dem Wissenschafts-panorama. Manchmal beschäftigen mich aber auch wie gesagt die Kontaktanzeigen sehr lange. Kreuzworträtsel löse ich nie – das ist mir zu langweilig. Die wollen immer dasselbe wissen. So um drei bin ich dann meistens durch mit der Zeitung und gehe einkaufen. Aber nur für den nächsten Tag.

Einkaufen ist eine meiner Lieblingsbeschäftigungen. Wenn ich einmal für eine ganze Woche einkaufen würde, hätte ich die folgenden sechs Tage nachmittags Langeweile. Deshalb kaufe ich immer nur für einen Tag ein. Das zieht sich meistens so bis um halb fünf hin. Ich lasse mir viel Zeit zum Einkaufen. Wenn ich zu Hause bin, trinke ich ein Tässchen und dann hängt es vom Wetter ab, ob ich etwas im Garten mache – hinten im Hof gibt es nämlich ein paar Blumenbeete, die aber nicht von mir stammen, ich habe sie nur von unserem Hausmeister übernommen. Er zahlt mir dafür eine Kleinigkeit, aber das ist mir eigentlich egal. Ich würde es auch für umsonst machen.

Dann ist es Abend, ich esse was, blättere noch mal schnell die Zeitung durch (denn da entdecke ich immer etwas, was ich noch nicht gelesen habe) und wenn es dunkel wird, mache ich mich auf zu meinem nächtlichen Spaziergang durch die Gassen und über die Plätze meiner Stadt. Ich gehe nur und schaue und horche und rieche. Geräusche und Gerüche gibt es unzählige. Ich sage es Ihnen, meine Sinne sind geschärft wie die von einem Tier. Letztens zum Beispiel ist es geschehen, dass ich mit dem Schirm ausgegangen bin und dann hat es doch nicht geregnet. Ich hängte mir den Schirm um den Unterarm, steckte die Hände in die Hosentaschen, so dass der Schirm an meinem Bein herunterhing und ging so weiter. Ich war völlig in Gedanken versunken und hatte den Schirm schon längst vergessen, als plötzlich ganz nah neben mir etwas Metallisches auf dem Gehsteig kratzte. Da hätte normalerweise nichts kratzen dürfen. Ich war sofort hellwach und in mir brannte es heiß auf, vor allem hinter meinen Ohren, so dass es mir sogar schwummrig wurde. Ich witterte Gefahr und hatte schon meine Muskeln zur Flucht oder zum Ausweichen angespannt, als mir glücklicherweise einfiel, dass es mein eigener Schirm war, der mit der Spitze auf dem Boden entlang gekratzt hatte. Er war wohl durch die Bewegung des Gehens vom Unterarm bis zum Handgelenk hinunter gerutscht. Ich sage es Ihnen, es dauerte wirklich eine Weile, ehe ich mich von dem Schreck wieder erholt hatte.

Ich habe hier mal meinen durchschnittlichen Tagesablauf aufgemalt, so wie er *früher* war. Das war mir nie zu langweilig. Gut, im Winter kann ich nicht in den Garten, da kann es schon mal sein, dass man sich ein bisschen langweilt. Aber das gehört dazu, finde ich. Das ist doch ganz normal. Ich war durchaus zufrieden, meine ich.

Seit der Sache mit dem Satz aber ist es, als ob mich jemand bedrängt. Ich will das eigentlich gar nicht. Es ist mir zu persönlich. Ich bin zwar fasziniert – das ist die eine Seite. Aber was damit einhergeht, das passt mir ganz und gar nicht, ehrlich gesagt! Ich habe seitdem wirklich das Gefühl, als mischt sich jemand in mein Leben ein. Ist es meine Mutter? Ist sie nicht mehr mit mir einverstanden? Sie war doch immer mit mir einverstanden. Wieso sagt sie mir jetzt so was? Und wieso sagt sie es mir nicht direkt? Wieso spricht sie so geheimnisvoll? Es steht mehr zwischen den Zeilen. Aber das kann ich ja gut lesen, wie ich schon erzählt habe. So kenne ich sie gar nicht, auch nicht aus meiner Erinnerung. Ich muss das vielleicht einmal ein bisschen näher erklären. Früher konnte ich alles, was ich oben beschrieben habe, tun und fühlte mich gut dabei. Jetzt, seitdem der Satz aufgetaucht ist, ist da so ein schlechter Beigeschmack. So was wie ein schlechtes Gewissen. So, als wäre das gar nicht so schön. Ja ich möchte fast sagen, ich fühle mich ein bisschen schuldig. Das ist auch ein Grund, weshalb ich die Sache so schnell wie möglich zu Ende bringen will. Letzte Nacht war er übrigens wieder da, der Satz, ich habe ihn wieder geträumt. Und es war beinahe noch deutlicher, als bei den ersten Malen.

6

Ich weiß auch nicht, was ich falsch mache. Wie spät ist es jetzt? Nachmittags um zwei? Ich habe noch nicht einmal Mittag gegessen heute. Ich war mir ja so sicher, dass ich etwas finden müsste. Es war das Erste heute früh, dass ich sofort mit der systematischen Suche begann. Also, zuerst machte ich mir extra langsam Frühstück. Ich sah dem Kaffee zu, wie er durchrann. Ich sah absichtlich nicht in die Zeitung, denn ich wollte mir selber die Spannung vergrößern. Außerdem dachte ich, darf man sich ja nicht so ganz gehen lassen und völlig unbeherrscht über das Objekt herfallen und dabei sich selbst und die normalen Dinge des Lebens vergessen. Die Gefahr besteht ja immer, wenn man allein lebt, dass man dann total absumpft und nur nach noch nach den unmittelbaren Trieben lebt. Also sah ich die Zeitung erst einmal gar nicht an (wo ich doch sonst schon mindestens einen Blick reingeworfen hätte). Oh, ich bin fast gestorben. Ich dachte nur an die Zeitung, nur! Mein Bauchinnerstes war wie durcheinander gerührt. Mir war fast schlecht vor Aufregung. Aber ich sagte mir immer, nein, jetzt noch nicht. Später. Du musst in der Lage sein, dich zu beherrschen. Ich spielte eigentlich mit mir selber. Das war schon fast kein Spiel mehr, das war schon eher Sadismus. Aber umso größer wurde die Freude.

Ich verzehrte meine Brötchen in aller Ruhe, ohne in die Zeitung zu sehen. So wenig Appetit wie heute hatte ich, glaube ich, noch nie. Ich musste mir das Essen richtiggehend runterwürgen. Dann räumte ich den Tisch ab, wusch mir die Hände – wie zur Feier des Tages – setzte mich, als ich wirklich meine Spannung bis auf den Gipfel getrieben hatte und es keine Sekunde länger mehr ertragen konnte, hin und wartete doch noch eine halbe Minute. Unvorstellbar, wie viel ein Mensch ertragen kann, wie viel er sich selbst auferlegen kann! Mein Gehirn war bereit zur allergrößten Leistung, die es jemals erbracht hatte. Zu vergleichen vielleicht mit einem Formel-1-Motor am Start, der die roten Ampeln sieht und hochtourig auf Grün brennt. Dann gab ich mir endlich das Signal und raste los.

Ausland. Uganda. Brasilien. Krieg. Europa. Ministertreffen der EU. Innenpolitik. Gewerbesteuer. Zuwanderung. Wirtschaft. Konzernfusion gescheitert. Lokalteil. Ausbau der Parkanlage. Neue Telefonhotline für alte Menschen. Vorbereitungen für Jahrestag von ... Was?!!! Telefonhotline für alte Menschen? Das könnte es sein! Das musste es sein! Ich suchte nach weiteren Beweisen. Drei Stunden lang. Das Hirn lief heiß und heißer. Ich ... na ja. Um es kurz zu machen: ich habe mich total in die Sache verbissen und nichts gefunden. Ich denke fast, so wenig wie heute habe ich noch nie gefunden. Telefonhotline für alte Menschen – das klingt zwar gut, aber wie, was, wer – ach, ich habe keine Ahnung, wie ich es anstellen soll! Und wenn es keine alten Leute sind, die drei, meine ich? Es ist zum verzweifeln! Mein Kopf ist ausgebrannt. Und gebracht hat es nichts. Was soll ich jetzt machen? Will mich da etwa jemand quälen? Spielt da jemand ein ganz gemeines Spiel mit mir? Vielleicht sollte ich das alles hinschmeißen und keinen einzigen, stinkenden Gedanken mehr dran verschwenden. Ich hasse das, wenn ich so ausgeliefert bin! Echt, das wollte ich immer vermeiden. Dabei war es mein ganzes Leben lang so. Immer war ich irgendwem ausgeliefert. Nur die letzten sieben Jahre habe ich es in den Griff bekommen. Und jetzt das. Wieder irgendwelchen Mächten ausgeliefert. Das ist erst seit der Sache. Vorher hat alles wunderbar funktioniert.

So ein dummer Satz aber auch – auf der Liste der einsamsten Personen meiner Stadt stehe ich auf Rang vier! Dankeschön! Wunderbar! Soll ich doch! Kann ich doch nichts dafür! Kann mir ja auch egal sein! Vier oder vierzig oder vierhundert-tausendbillionenbilliarden! Was juckt mich das? Und die dumme Zeitung! Sieht aus, als hat sogar sie sich gegen mich verschworen. Fängt denn hier plötzlich alles an zu leben? Muss ich wohl morgen früh aufpassen, dass mir der Kaffee nicht aus der Tasse davonrennt – ach tschüss, nee, ich habe heute keine Lust, getrunken zu werden, ich habe andere Pläne? Dieser dumme Satz hat alles durcheinander gebracht! Und letzte Nacht habe ich ihn wieder nicht geträumt. Als ob er mich foppen will. So etwas Hässliches! Der ganze Tag ist jetzt schon verdorben. Vielleicht gehe ich heute Abend mal in eine Kneipe. Extra, um gegen alles zu verstoßen!

7

Ich war nicht in der Kneipe. Ich war ehrlich gesagt am Abend so fertig, ganz erschöpft – von nichts! – dass ich mich ohne Spaziergang hingelegt habe und auch heute Morgen erst spät aufgewacht bin. Ich habe geschlafen wie ein Stein. Jetzt sitze ich ein bisschen zittrig vor der Zeitung und weiß nicht, ob ich sie aufschlagen soll. Aufschlagen werde ich sie auf alle Fälle, ich meine vielmehr, ob ich darin etwas suchen soll. Heute ist überraschenderweise ganz schönes Wetter. Gestern war es ja nicht so schön, obwohl eigentlich schönes Wetter hätte sein müssen. Vielleicht hat es sich ja um einen Tag verschoben. Ob es so was gibt? Wenn ich jetzt die Zeitung aufschlage und nichts finde, dann werde ich, das weiß ich, sehr enttäuscht sein. Die Zeitung ist nun einmal meine einzige Verbindung zur Außenwelt (in der sich wohlgemerkt die drei einsamsten Personen versteckt halten!). Die Idee war glasklar, messerscharf, sie war absolut, es war eindeutig, dass es keine andere Möglichkeit gibt, als die drei Personen über die Zeitung zu finden. Ich *wusste* es doch! Ich wusste es auf so eine bestimmte Weise, dass es einfach klar war ... Verstehen Sie? Und dann finde ich nichts. Wenn mich also jetzt auch noch die Zeitung enttäuscht ... Wie konnte ich auch nur meine Hoffnungen darauf setzen! Man sollte seine Hoffnungen auf gar nichts setzen! Ach, das ist doch auch dumm. Da ist schon wieder dieses blöde Gefühl, das ich erst seit kurzem habe, dieses hässliche Bauchgefühl, dass ich etwas falsch mache. Ich werde jetzt die Zeitung aufschlagen. Heute ist ein schöner Tag. Samstag. Heute kann noch richtig was losgehen. Ich weiß zwar nicht was, weil bei mir nie was losgeht ... Hör auf, so zu denken! Was soll das! Ich habe eine Aufgabe. Die Frage ist, glaube ich noch daran oder glaube ich nicht mehr daran. Das ist jetzt wirklich die Frage. Na, dann will ich mal weiter überlegen: Was wäre, wenn ich nicht mehr daran glauben würde? Also nehmen wir mal den Fall an, ich höre auf und schmeiße alles hin. Keine Liste, keine einsamsten Personen. Alles wie bisher. Ist doch wunderbar, oder? Ich weiß auch nicht. Fall zwei – ich suche weiter ... Es ist seltsam, schon allein der Gedanke „ich suche weiter" fühlt sich wesentlich besser an. Wesentlich besser! Das hat der Satz mitgebracht. Es wäre dumm, wenn ich mir einreden würde, wenn ich aufhöre, ist alles wie zuvor. Etwas sagt mir, dass *nicht* alles wie zuvor wäre, sondern schlechter Ich weiß nicht *was* – das ist zum Verrücktwerden. Es ist nichts Greifbares, nichts Sichtbares, nichts Hörbares, nichts ... nichts Natürliches. Aber es *ist* etwas. Oh bitte, in welches Spiel bin ich denn hier hineingeraten! Das ist nichts Normales. Hier geht etwas vor. Und genau deshalb kann ich gar nicht einfach aufhören. Ich könnte zwar, aber ich spüre, dass das nicht gut wäre. Warum auch immer. Das verstehe ich sowieso nicht. Aber vielleicht *werde* ich es verstehen, wenn ich bis zum Ende durchhalte, oder einfach erst einmal weitersuche. Egal, wie ich es auch drehe – es kommt immer wieder da heraus. Es scheint längst beschlossen zu sein, auch ohne mich. Also will ich mich nicht dagegen stellen und es auch von meiner Seite beschließen. Siehst du, jetzt fühle ich mich noch viel besser. Ich sage es doch, das ist größer, als ich denken kann. Da ist mir gerade noch etwas eingefallen. Ich war von Anfang an fasziniert davon, die drei einsamsten Personen meiner Stadt zu finden. Ja, ich habe geglaubt, das ist meine Aufgabe. Ich bin – lustig, oder? – losgezogen und habe überlegt, *wie* ich sie denn finden kann und so weiter. Und jetzt, genau jetzt fiel mir auf, dass ich mich noch gar keine Sekunde gefragt habe, *warum* ich die drei denn eigentlich finden soll. Nein nein, halt, stopp! Ich werde mir den Gedanken schön in der Hinterhand behalten. Wenn mir etwas klar ist – zumindest jetzt im Moment – dann das, dass ich das nun wirklich nicht durchschauen kann. Obwohl es mich natürlich seit gerade eben brennend zu interessieren beginnt! Eine Möglichkeit wäre zum Beispiel, dass meine Mutter, die mich beschützt, mir etwas ganz Wichtiges zeigen will. Aber was? Nein, Schluss jetzt! Ich schlage jetzt die Zeitung auf, werde *kein Wort sagen*, kein Wort *denken* und auch sonst nichts tun, nur durchblättern und darauf hoffen, dass mir etwas kommt, eine Idee oder so, dass ich etwas entdecke, vielleicht einen Hinweis. Aber ich werde nicht *suchen*. Das nehme ich mir jetzt verbindlich vor. Also, heute ist Samstag ... Wochenendausgabe ... schön dick ... was haben wir denn ein bisschen ... mhmm mhmm ... nichts denken, nur lesen ... ja, lesen wir das mal ... bunte Seite ... hier ... Frau ... Koma ... lustig ... erwachte ... dachte, Pfleger ihr Mann ... war der Erste, den sie sah ... Wetter gut ... sag ich doch ... sommerliche Temperaturen ... schön schön ... kann ich nachmittags in Garten ... Rosen ... hier auch ... passt ja gut ... Gartenschau in Amsterdam ... herrlich ... aber weit weg ... war die nicht früher woanders? ... war doch nicht in Amsterdam ... war doch auch später oder nicht? ... geht wohl schon wieder los? ... ach, nicht denken ... lesen! ... nicht denken ... kann ich ja auch gleich ... hier Lokal ... blättern wir eben heute mal von ganz hinten durch ... steht was: Jeder fünfte ... so so ... hätte gedacht noch mehr ... Mann, nicht denken heute ... bringt nix ... blödes Abkommen ... stell dir mal vor, nie mehr ... wäre auch wie Koma ... obwohl, weiß man ja nicht, was da...

Oh Mann, ich bin so blöd! Nein gut! Gut, gut, gut! Wie war das mit der Frau? Das Erste was sie sah! Das glaubte sie. So mache ich es auch. Total verrückt! Muss aber so gehen! Jawohl, anders kann es nicht sein! Weißt du was, ich *glaube* einfach, dass es so funktioniert. Die unwahrscheinlichste aller vorstellbaren Lösungen wird die richtige sein. Weil sie so einfach ist. Zu einfach. So kindlich. So irrwitzig unlogisch. Fast ein bisschen billig. Genau.

Also, mal sehen, was haben wir hier? Ich bin so aufgeregt, Wahnsinn! Als ob jemand den Hebel umgelegt hat. Unglaub-

lich! Also hier habe ich alles schon gesehen, da ist nichts, was mir jetzt zuerst ins Auge fällt. Na und! Dann steht es eben auf der nächsten Seite. Lokalteil immer noch! Klasse! Mal sehn, wen ich finde. Achtung ... Fein. Wirklich fein. Ich bin sehr zufrieden. Das zeigt mir doch, dass das System funktioniert. Ja ja, ich werde da hingehen. So eine schöne Überschrift. Wenn ich bis jetzt noch nicht daran geglaubt habe ... aber so ein Volltreffer! So ein Glück! Schade, dass es erst morgen ist. Doch so lange werde ich noch aushalten müssen. Es geht vorwärts. Ja wirklich! Hier steht:
Sonnenschein für Kinder. Silvia Catz lädt in die Villa Goldmeyer zu öffentlicher Gartenparty. Die seit Wochen angekündigte Wohltätigkeitsveranstaltung zu Gunsten elternloser Kinder beginnt am morgigen Sonntag in der ...straße 17, Villa Goldmeyer, um 15 Uhr mit Kaffee und Kuchen. Silvia Catz lädt zum fünfzehnjährigen Bestehen ihres Hilfswerkes „Liberi in sole" Freunde, langjährige Unterstützer, aber auch Interessenten ein, die dazu beitragen möchten, dass „Liberi in sole" auch in Zukunft vielen Kindern ein Hort der Freude und Geborgenheit sein kann. Es darf also jeder kommen, der sich in irgendeiner Weise berufen fühlt, den Hilflosesten der Gesellschaft ein Gutes zu tun. Zum ersten Mal in der fünfzehnjährigen Geschichte des Kinderhilfswerkes bietet damit Silvia Catz nicht nur geladenen Gästen die Möglichkeit, sie einmal ganz persönlich kennen zu lernen. Diese Geste der Öffnung wird, hofft Silvia Catz, für das Hilfswerk einen positiven Effekt erzeugen. Catz, die „Liberi in sole" von Anfang an mit unternehmerischem Bravour und mit viel Raffinesse führte, geht damit einen weiteren Schritt in Richtung des eingeschlagenen, sehr erfolgreichen Kurses.
Zudem möchte sie auf der Party ein Geheimnis bekannt geben, dass auf die zukünftigen Pläne von „Liberi in sole" eingeht. Catz wird, so viel darf schon verraten werden, das gemeinnützige Unternehmen erweitern und hofft dabei auf regen Zuspruch in der

Bevölkerung, da sich „Liberi in sole" zum überwiegenden Teil aus Spenden trägt. *Die studierte Diplomkauffrau, die an der Seite ihres Mannes...* und so weiter und so weiter. Das ist es doch! Silvia Catz ist meine Frau. Im übertragenen Sinne natürlich. Sie war schließlich der erste Name, der mir ins Auge fiel. Und ihr Bild selbstverständlich.

Morgen, morgen ist es soweit! Morgen stehe ich dort auf der Matte. Da werde ich die erste Person von den dreien finden. Hoffe ich. Aber an einen schlechten Scherz glaube ich nun endgültig nicht mehr. Wenn nur schon Sonntag wäre!

8

Bevor ich mich jetzt gleich auf den Weg mache, möchte ich noch etwas Seltsames erzählen.

Es ist nämlich so, letzte Nacht habe ich den Satz wieder geträumt: Auf der Liste der einsamsten Personen meiner Stadt stehe ich auf Rang vier. Also langsam, ich weiß auch nicht, macht er mir fast ein bisschen Angst. Was ist, wenn es stimmt? Doch das ist es nicht, was ich erzählen wollte. Heute Morgen wachte ich auf und als ich die Augen aufschlug, war ich sehr ruhig. Sehr froh. Manchmal wacht man doch morgens auf und weiß sofort, wie es einem den ganzen Tag über gehen wird. Manchmal schlecht. Man ist träge, das Hirn arbeitet langsam. Man spürt eine große Unlust zu allem, will liegen bleiben und denkt, dass nichts eigentlich einen Sinn macht. Und manchmal wacht man auf und fühlt sich selbst wie der neue Morgen, so frisch und spritzig. Reine Energie. Man kann aufspringen ohne Überwindung und ist sofort zu allem topp in Form. Meistens ist dann auch das Wetter besonders gut und so passt dann alles zusammen.

Als ich heute Morgen aufwachte, war es ähnlich, aber nicht so voller explosionsartiger Kraft, die raus wollte. Ich wachte auf und fühlte mich sonderbar friedlich. Ich wachte auf und lächelte! Und dann begann ich sogar ganz leise zu lachen. Und dann drehte ich mich auf die Seite, drückte mein Gesicht in die Bettdecke und lachte richtig laut. Ich wachte auf und war *glücklich*! Noch etwas kam hinzu. In dem Moment, als ich die Augen aufschlug, erwachte ich. Manchmal döst man ja ganz lange und wird immer munterer und ist eigentlich noch ganz zerschlagen, weil man zu lange geschlafen hat. Aber heute schlug ich die Augen erst auf, als ich erwachte. *Pling!* Und war sofort voll da, wie gesagt. Glücklich, ja auch, aber aus einem ganz bestimmten Grund: weil ich wieder etwas wusste. Mit dem Augenaufschlagen wusste ich es, als ob mein erster Blick an diesem Morgen ein Blick in ein Geheimnis war. Aber ich kann auch keine Garantie dafür übernehmen, dass ich es nicht zuvor schon geträumt hatte. Mittlerweile bin ich ja ein bisschen vorsichtig geworden bei solchen Sachen.

Was ich also wusste, war ein ganz bestimmter Zusammenhang, der mir als erster Gedanke in seiner reinen, klaren Schönheit heute Morgen begegnete. Immer, wenn ich die Lösung des Problems – oder sagen wir lieber der Aufgabe – aus eigener Anstrengung erreichen wollte, zum Beispiel durch Suchsysteme in der Zeitung oder, als ich noch nicht einmal an die Zeitung gedacht hatte, durch andere Überlegungen, also immer dann kam es dazu, dass ich nicht mehr weiterwusste (erstens!) und dass ich in der darauf folgenden Nacht den Satz nicht mehr träumte (zweitens!). Und immer dann, wenn ich am Aufgeben war, wenn ich sagte, ich weiß nicht mehr weiter, ich schmeiße alles hin und so weiter, oder auch wenn ich den verrücktesten Sachen blindlings vertraute – klappte es plötzlich wieder und auch der Satz kam zurück. Seltsam, nicht wahr? Ist schon irgendwie zum Lachen.

Nun wird es aber langsam Zeit, denke ich, mal eine kleine Gartenparty auszukundschaften. Hoffentlich klappt das mit der Konversation. Ich meine, ich bin etwas aus der Übung, könnte man sagen. Wenn ich daran denke, wie selten ich mit jemandem rede ... Wahrscheinlich bin ich schon nach zwei Minuten heiser. War ein Scherz. Ich bin immer noch glücklich von heute Morgen. Aber auch sehr aufgeregt.

9

Seltsamer Nachmittag.
Wenn ich alles gedacht hätte, aber das ... Ich will eins nach dem anderen erzählen.
Ich kam also dort hin, viertel nach drei, schön in meiner Leinenhose und dem sandfarbenen Cordjackett. War vielleicht nicht die allerbeste Kluft, aber es ging. Einlass kein Problem, durfte ja jeder. Eine riesige Wiese vor dem Haus – ach was Haus, Villa Goldmeyer eben – eine riesige Wiese, ganz kurzer englischer Rasen, mit Büschen und so Tafeln unter weißen Zeltdächern, wo sich jeder selbst bedienen konnte. Ich kam mir jedenfalls sehr einsam vor. Aber es war auch mal wieder richtig spannend, so viele Menschen zu sehen und mitten drin zu stehen. Ich glaube, ich habe meine Sache ganz gut gemacht für den Anfang. Du musst dich ja irgendwie bewegen. Dort mal herumstehen, da mal hinspazieren. Zu lange auf einem Fleck herumstehen, ist echt nicht gut. Da wirft dich die Einsamkeit förmlich zu Boden. Obwohl, Einsamkeit ist vielleicht nicht das richtige Wort. Es ist so ein Druck (hässlich), der dir zeigt, du bist anders als alle anderen hier. Bei der Marine haben die uns immer zusammengeschissen: Matrose so und so, was machen Sie als Einziger falsch, was alle

anderen richtig machen? Vor versammelter Mannschaft! Da ging es einem vielleicht dreckig dabei! Und so ähnlich fühlte ich mich heute auch wieder.

Aber wie gesagt, es ging, denn ich hatte ja eine Aufgabe zu erledigen und deshalb gelang es mir die meiste Zeit, mich darauf zu konzentrieren, so dass meine Unfähigkeit, mit Menschen zusammen zu sein, mich nicht gar zu sehr peinigte. Noch mehr ging es, als ich sah, dass die meisten Leute mit irgendetwas beschäftigt waren, mit allem Möglichen, nur nicht mit mir. Das war sehr erleichternd. Da getraute ich mir dann sogar mal, ein Stück Kuchen zu nehmen und zu essen. Schmeckte wirklich gut. Silvia Catz habe ich sofort erkannt. Ich hätte sie vielleicht auch erkannt, wenn ich sie noch nie zuvor auf einem Bild gesehen hätte. Sie trug ein festliches Kleid aus silbergrauer Seide, sehr modern. Es hatte keine Träger, sondern umkleidete sie wie ein Schlauch – obwohl natürlich ihre Figur ausgezeichnet ist. Vor allem für ihr Alter. Aber darüber lässt sich ja streiten. Ich habe da eben meinen eigenen Geschmack. Unten ging das Kleid auf wie eine Blüte. Ihre dunkelblonden Haare hatte sie irgendwie kunstvoll hochgesteckt. Und sie trug Perlen, daran erinnere ich mich noch gut. Perlen als Armband, als Ohrringe und als Halskette. Die Frau war schon rein äußerlich beeindruckend – schlicht, wenn man das schlicht nennen kann, aber trotzdem herausstechend. Sie strahlte etwas aus. Etwas Gutes. Vielleicht wird sie deshalb von allen Madonna genannt. Dieser Name ist so populär und hat sich so eingebürgert, dass sie sogar offiziell, zum Beispiel in der Zeitung, eigentlich nur als Madonna Catz erscheint.

Sie hielt also pünktlich um 15.30 Uhr ihre Ansprache, in der sie auch das Geheimnis lüftete, dass nämlich „Liberi in sole" ein zweites Standbein bekommen soll – „Liberi in sole/Leucemie" – dass sich um krebskranke Kinder kümmern wird. Vor allem eben, wie der Name schon sagt, um solche, die an Leukämie erkrankt sind. Zwischenapplaus hie und da, Standing Ovations am Ende. Obwohl, sie standen ja sowieso alle. Das hat mich ehrlich gesagt auch gar nicht so sehr interessiert, denn ich wollte ja mit Madonna Catz sprechen. Ich folgte ihr also auf Schritt und Tritt wie ein verprügelter Hund. Anfangs hatte ich richtige Angst sie anzusprechen. Mein Herz schlug bis sonst wo hin. Da hätte ich wohl auch gar keinen Ton herausgebracht. Aber es kamen dann auch erst einmal alle ihre Freunde, ihre Unterstützer und alle Interessierten und Madonna Catz hatte für jeden Zeit. Sie nahm Glückwünsche entgegen, lächelte, ließ sich abdrücken und umarmen und küsste ihrerseits irgendwelche Freundinnen. Und so ging das in einem fort. Ich fragte mich ernsthaft, ob denn die Frau wirklich so einsam sein konnte. Das verstärkte meine Neugier aber nur noch mehr, so dass ich, nach über zwei Stunden verprügelter Hund spielen, als der Strom der Gratulanten und Gratulantinnen etwas nachließ, als meine Neugier endlich, endlich stärker war als meine Angst, in einem günstigen Moment auf sie zutrat, jetzt oder nie dachte und sie fragte: „Sind Sie einsam?"

„Wie bitte?" Sie lächelte ungläubig, als hätte sie nicht richtig verstanden und wolle mir aber noch eine zweite Chance gewähren. Mir wurden die Knie weich. Trotzdem, es galt die Wahrheit herauszufinden. Alles oder nichts. Jetzt oder nie.

„Sind Sie einsam?"

„Ich kenne Sie überhaupt nicht", antwortete sie. „Wer sind Sie? Sind Sie von der Presse?"

„Nein. Ich möchte nur wissen, ob Sie einsam sind."

„Sie sind noch recht jung und wahrscheinlich unerfahren, deshalb wissen Sie vielleicht nicht, dass man so etwas nicht so einfach fragt. Aber irgendetwas sagt mir, dass ich Ihnen verzeihen muss. Also, heute ist ein glücklicher Tag. Wollen wir es dabei belassen. Einverstanden?"

„Es tut mir Leid, aber ich brauche eine Antwort auf die Frage."

„Sie ...?"

„Wirklich. Bitte."

„Ich glaube nicht, dass Sie das etwas angeht."

„Natürlich nicht. Aber in gewisser Weise schon. Aber das können Sie jetzt nicht verstehen. Ich würde nicht fragen, wenn ich nicht glauben würde, dass es mich etwas angeht. Vielleicht können Sie mir wenigstens das glauben."

„Ich verstehe Sie nicht."

Sie hielt ihren Kopf schräg und lächelte mit einem herausspringenden Zweifeln. „Sie sind so hartnäckig ... Sie wollen ernsthaft wissen, ob ich ...?"

„Ja. Nur das. Nur deshalb bin ich hierher gekommen. Es tut mir Leid, wenn Ihnen das unangenehm ist. Wenn Sie wollen, dass ich gehe ..."

„Nein, nein! Kommen Sie ein wenig zur Seite. Gehen wir ein paar Schritte. Wissen Sie, ich finde das seltsam, dass Sie mir diese Frage stellen. Es ist ... nein ... wissen Sie ... ach, entschuldigen Sie, ich bin wirklich etwas verwirrt, wissen Sie, wirklich verwirrt. Ich frage mich, wie Sie darauf kommen, mir ausgerechnet an diesem Ort solch eine Frage zu stellen. Wer sind Sie überhaupt? Ich kenne nicht einmal Ihren Namen. Nein, halt! Ich will ihn gar nicht wissen. Jedenfalls jetzt noch nicht. Es ist gut, dass ich Sie nicht kenne. Ich finde es seltsam ... wirklich seltsam ... ja ... aber irgendwie habe ich das Gefühl, Ihnen vertrauen zu können. Sie wissen wer ich bin? Gut. Ich habe Respekt vor Ihnen. Sie scheinen Mut zu haben."

„Das hat weniger mit Mut zu tun als Sie glauben. Es war ... aus der Not heraus."

Sie schwieg eine Weile, während wir langsam am Rande des Rasens spazierten. Plötzlich blieb sie stehen.

„Wissen Sie was?", fragte sie. „Ich habe mich entschlossen etwas Verrücktes zu tun: Ich werde Ihnen Ihre Frage beantworten."

„Warum?" Nun war ich der, der staunte.

„Ich bin davon überzeugt, dass Sie ehrlich sind. Und außerdem – was geht es Sie an? Ich beantworte Ihnen Ihre Frage und Sie können zufrieden sein. Dann sind wir quitt. Einverstanden?"

Ich zuckte mit den Schultern und nickte gleichzeitig. Ich verstand bloß nicht, weshalb wir dann *quitt* wären ... Wir schritten wieder über den Rasen. Sie schwieg aber noch eine ganze Weile und hielt den Kopf gesenkt. Ich tat es ihr gleich – es konnte ja nicht schaden.

„Ob ich einsam bin ...", hob sie nachdenklich an. „Tja, wer ist nicht dann und wann einmal einsam, hab ich recht? Aber das wollen Sie ja nicht wissen. Ihnen geht es ja – wie soll ich sagen – um die *Tiefe*, nicht wahr? Das vermute ich zumindest. Lassen Sie mich Ihnen etwas erzählen. Es ist nämlich so, dass so eine Frage – so eine, wie Sie sie mir gestellt haben – dass mir so eine Frage schon seit Jahren nicht mehr gestellt worden ist. Ich habe mir also auch nicht besonders viele Gedanken darüber gemacht."

„Damit es erträglicher ist?"

„Vielleicht. Ja, vielleicht wirklich aus diesem Grund. Wenn ich also jetzt so darüber nachdenke, denke ich, dass ich schon einsam bin" – sie lächelte – „dass es auf der anderen Seite aber auch so viel Schönes gibt ... Da sind einige wirklich liebe Menschen, wissen Sie? Diese Wohltätigkeitsveranstaltung heute, die hätte ich ohne meine beste Freundin und ihren Mann gar nicht organisieren können. Die Goldmeyers, wissen Sie? Kennen Sie sie? Ach, Sie können sie ja auch nicht kennen. Ich habe sie auch noch nie gesehen. Ich vermute, Sie sind sonst eher nicht in solch einer Gesellschaft zu finden? Dachte ich mir's doch. Ich sehe es an der Art wie Sie gehen. Wissen Sie, die Erfolgreichen gehen anders. Sehen Sie sich um – hier, sehen Sie den da? Sehen Sie, wie sicher er aussieht? Das fasziniert die Menschen an uns, diese Sicherheit. Ach, ich komme schon wieder ab. Wo waren wir stehen geblieben?"

„Ihre Wohltätigkeitsveranstaltung ..."

„Ja, genau. Die Leute denken vielleicht, das ist alles Theater, um sich zu präsentieren und gut zu tun. Aber wissen Sie, mir liegen die Kinder wirklich am Herzen. Sicher, es ist viel Angeberei dabei und die Summen, die am Ende zusammenkommen, sind für die Spender weniger als ein Trinkgeld. Die paar Hunderttausend tun niemandem weh, man könnte und müsste viel mehr geben ... Das stimmt schon. Aber ich bin dankbar überhaupt etwas tun zu können. Wissen Sie, dass ich keine Kinder bekommen kann? Als ich das mit fünfundzwanzig erfuhr ... das war schrecklich ... ein großer Schmerz, ein sehr großer Schmerz. Und er ist bis heute geblieben. Deshalb hängt mein Herz an diesem Werk. Ich tue für andere Kinder, was ich für meine eigenen nie tun konnte. Das ganze Theater und die Zurschaustellung – gut, das gehört eben dazu. Aber einsam ... hmm, ich weiß nicht. Wie gesagt *manchmal* fühle ich mich schon ein wenig allein, aber es ist nicht so schlimm. Es gibt Freunde. Ich kenne Menschen, die einsamer sind ... Mein Gott, warum erzähle ich Ihnen das überhaupt? Ich weiß nicht, ob ich wirklich weiß, was ich hier tue!"

„Es tut mir Leid, dass Sie keine Kinder bekommen können", sagte ich ungewandt. Ich war mir peinlich.

„Das muss Ihnen nicht Leid tun, das muss es wirklich nicht." Sie wechselte den Tonfall. „So, trotz allem, nun habe ich Ihnen Ihre Frage beantwortet. Zeit, dass wir uns verabschieden. Ich muss mich wieder um meine Gäste kümmern."

„Ja. Danke übrigens."

„Wofür? Es gibt nichts, wofür Sie sich bedanken müssten. Es hat alles seine Richtigkeit. Ich wünsche Ihnen noch einen schönen Tag."

„Ja, danke, Ihnen auch! Und nochmals danke für ... für Ihre Zeit und die ... Offenheit."

„Es ist in Ordnung. Wirklich. Es war sehr angenehm mit Ihnen zu sprechen."

„Ja. Hat mich auch gefreut."

Sie mochte zwar einsam sein, aber die dritteinsamste Person der Stadt war sie eindeutig nicht. Doch da drückte noch etwas.

„Eine Frage habe ich noch."

„Ja?"

„Warum haben Sie am Anfang gesagt: *dann sind wir quitt*? Wieso sind wir *quitt*? Ich habe Ihnen doch gar nichts gegeben?"

Sie war schon halb gegangen, blieb aber nun stehen, drehte sich um und sah mir in die Augen. Erst hatte sie wieder diesen zweifelnden Blick von anfangs, dann aber begannen sich ihre Züge zu entspannen und sie lächelte fast, als sie mehr zu sich selbst sagte: „Das muss ein Zeichen sein."

Ich schwieg.

„Sie wollen es wissen, nicht wahr? Sie wollen die ganze Geschichte. Ja, sie sonderbarer Mensch?"

Ich sagte nichts. Abwarten was kommt ist das Beste, dachte ich mir. Madonna Catz' Lächeln veränderte sich. Einen Moment lang spannte sich eine seitliche Sehne oder ein Muskel an ihrem Hals und zog einen Mundwinkel nach unten.

Sie sah plötzlich sehr unschön aus, entstellt. Ich wollte fast Mitleid haben. Was verkrampfte sich in ihr?

„Sagen Sie nichts. Ich habe es längst gefühlt. Es wäre dumm von mir gewesen jetzt zu gehen. Ich hatte mich im Stillen schon darüber geärgert, dass ich auf halbem Wege aufgegeben habe. Ich fürchtete mich wohl. Kommen Sie, gehen wir da rauf. Es muss nicht sein, dass uns jemand hört."

Wir spazierten durch die zu Figuren beschnittenen Büsche – ein Kaninchen, eine Pyramide mit Stiel, ein UFO mit Stiel – betraten die Veranda und setzen uns auf zwei Stühle, wo niemand uns von der Wiese aus sehen konnte.

„Ich möchte, dass Sie sich darüber klar sind, dass das sehr gefährlich ist, was ich hier tue – für mich *und* für Sie."

„Hmmm" Ich tat, als hätte ich viel Ahnung. Wahrscheinlich klang es eher dümmlich.

„Sie werden es verstehen, Sie werden ... keine Sorge. Also, mein unbekannter Freund, sind Sie bereit mir zuzuhören? Es ist fast eine göttliche Fügung, dass Sie heute hier sind und mit mir sprechen, das erkenne ich immer deutlicher. Sie wissen, mit wem ich verheiratet bin? Sie nicken. Ja, wer kennt ihn nicht. Jedes Kind kennt ihn, den großen Leonard Catz. Walter Leonard Catz. Verheiratet mit der schönen, adligen Silvia Catz, genannt Madonna Catz, weil sie so ein gutes Herz hat, mit der er sich schmückt und die ihm treu und ergeben zur Seite steht, ihn unterstützt, ihn liebt, ehrt und achtet, in guten wie in schlechten Tagen, bis dass der Tod sie scheidet. Amen. Schön gesagt, nicht wahr? Ist es nicht so, für die Menschen? Sagen Sie's mir – ist es nicht so?"

„Ja, es ist so", gab ich zu, obwohl ich das, was ich wusste, auch nur aus der Zeitung erfahren hatte und also nur für mich selbst sprechen konnte. Aber das brauchte sie ja nicht zu wissen. Sie sollte nur eines, nämlich weitererzählen.

„Bis dass der Tod euch scheidet", fuhr sie fort. „Schön wär's. Das klingt alles so romantisch, wissen Sie und wenn man ein junges Mädchen ist, zweiundzwanzig Jahre lang behütet aufwächst, mit der Außenwelt überhaupt keine Berührung hat, dann plötzlich heiratet – mit weißem Kleid und Blumen und wie man sich das eben alles so ausgemalt hat – und dann den Satz hört ‚bis dass der Tod euch scheidet', dann klingt das alles wie ein Märchen und man glaubt alles, gerade *weil* es so schön klingt. Dabei hat man vom Leben überhaupt keine Ahnung. Ich klinge bitter, nicht wahr? Tja, das Leben *ist* bitter. Bis dass der Tod euch scheidet – ich habe immer daran geglaubt. Jetzt glaube ich nicht mehr daran. Ich habe Ihnen erzählt, dass ich keine Kinder bekommen kann. Leonard hat das furchtbar getroffen. Das ist mittlerweile siebzehn Jahre her, aber er hat es – genau wie ich – nie verwunden. Ich habe Leonard immer geliebt, das müssen Sie mir glauben. Ich liebe ihn sogar heute noch, sogar heute ... Obwohl ich allen Grund hätte ihn zu hassen. Vielleicht hasse ich ihn auch. Vielleicht hasse *und* liebe ich ihn. Ich weiß es selbst nicht. Vielleicht erzähle ich Ihnen das, weil ich ihn hasse. Deshalb ist es so gefährlich, denn Leo ist der Stärkere – das brauche ich Ihnen ja nicht zu sagen. Für Sie ist es übrigens gefährlicher als für mich, denn mein Schicksal ist beschlossen. Leonard hat es beschlossen.

Deshalb rede ich mit Ihnen. Sie sind mein Alibi. Deshalb geben Sie mir etwas, verstehen Sie? Oh, ich wollte Sie ausnutzen. Es tut mir Leid. Aber Sie waren es ja, der mich dazu gedrängt hat. Ich hatte die Sache rechtzeitig abgebrochen, wie Sie sich erinnern können. Alles was ich Ihnen vorhin erzählte ist wahr – das Kinderhilfswerk und so. Bitte vergessen Sie das nicht. Wie dem auch sei – als Leonard erfuhr, dass ich keine Kinder bekommen konnte, raste er. Von dem Tag an hat er sich sehr verändert. Verstoßen konnte er mich nicht – dazu fehlte ihm der passende Skandal. Den hätte er zwar arrangieren können, aber Walter – alle Welt nennt ihn Leonard, aber das ist nur sein zweiter Rufname; ich bin die Einzige, die ihn Walter nennt – rang mit sich selbst ... so interpretiere ich es heute. Er war enttäuscht, aber er liebte mich auch noch.

Dann kam das Amt und Walter hatte kaum mehr Zeit, sich mit privaten Dingen zu beschäftigen; das Amt und die Geschäfte nahmen ihn vollends ein. So kam es – seltsam, aber es ist wahr – dass er sein Problem, nämlich mich, ungewollt für einige Jahre fast völlig vergaß und als es ihm wieder einfiel, da war es zu spät. Da hatte er sich damit eingelebt. Ich gehörte einfach dazu, war Teil des Establishments, in der Öffentlichkeit an seiner Seite, auf Fotos und im Fernsehen. Ich war unverzichtbar geworden. Ich hatte einen guten Ruf, in dem er sich sonnte, ich war beliebt, was auf ihn zurückfiel und es ging dahin, dass er gar nicht mehr ohne mich *konnte*, verstehen Sie? Walter brauchte mich. Der große Walter Leonard

Catz brauchte seine schöne, auf ihrem Gebiet selbst in bescheidenen Ausmaßen erfolgreiche Frau. Wir öffneten uns gegenseitig die Türen.

Doch Walter veränderte sich sehr stark. Sie wissen, wie unglaublich erfolgreich er war. Es ist eine Legende, wie er es bis ganz nach oben geschafft hat. Eine Legende – im wahrsten Wortsinn. Denn glauben Sie, das ging alles sauber zu? Glauben Sie, ich konnte dabei unschuldig bleiben? Oh, es war ein schmutziges Geschäft. Freilich hat Walter die Geschäfte allein abgewickelt und ich hatte von nichts eine Ahnung. Doch ich war immer da, ich habe ihn unterstützt. Aber das ist ein anderes Thema. Ich möchte gar nicht wissen, wie viele Familien Walter ins Elend stürzte, wie viele Paare er auseinander riss, wie viele ehrgeizige Jungs, die ihm im Weg standen, er umlegen ließ, wie viele Kinder deshalb heute keinen Vater mehr haben; ich will gar nicht wissen, wie viele Seelen er kaufte und verkaufte, wie viele Richter und Zollbeamte er bestochen und wie viele Frauen er geschwängert hat. Der Weg nach oben ist Krieg, mein unbekannter Freund. Es gibt keine Regeln. Walter hat ein gigantisches Netz aufgebaut und er sitzt darinnen wie eine Spinne, die jeden verschlingt. Selbst mich. Mein eigener Mann!"

Den letzten Satz rief sie voller Zorn. Doch sie beruhigte sich sofort wieder. Madonna Catz war keine hysterische Frau.

„Ich sage es Ihnen, die Macht hat Walter sehr verändert. Sie hat ihn blind gemacht für das Leben. Er vertraut niemandem mehr. Anfangs misstraute er nur seinen Feinden, dann seinen Geschäftspartnern. Doch bald waren selbst seine Freunde nicht mehr vor seinem Misstrauen sicher. Er ließ sie alle – alle! – einen nach dem anderen ins Messer laufen. Und ich bin die Letzte. Einen Erben hat er nicht, wird auch keinen mehr bekommen – jedenfalls von mir nicht. Ich bin für ihn nur noch ein Blutsauger, der auf sein Vermögen spekuliert. Sie wissen ja, Walter ist Neunundfünfzig – da wird es Zeit den Nachlass zu ordnen, wenn Sie verstehen, was ich meine. Ich spüre es: es steht etwas bevor ... mit mir.

Walter war in den letzten Tagen so ruhig, fast gut gelaunt – für jemanden, der ihn nicht näher kennt. Aber *ich* kenne ihn, oh, und wie ich ihn kenne! Niemand außer mir erkennt diese verborgene Anspannung, die er so gut getarnt nach außen trägt. Walter sitzt wie ein Fuchs vor einem Erdloch und wartet darauf, dass die Maus herauskommt und in die Falle geht. Er hat alles vorbereitet. Einen Skandal wird er nicht riskieren – so gut kenne ich ihn inzwischen. Walter regelt solche Angelegenheiten im Stillen. Scheiden lassen kann er sich nicht, weil er den Einfluss meiner Familie fürchtet. Eine Scheidung könnte sehr teuer für ihn und für seinen Ruf werden. Die einzige Chance, um mich loszuwerden ist, dass er mich umlegen lässt, wie all die Jungs von der Straße, die auch nach oben kommen wollten. Und dann erklärt er es für eine schreckliche, teuflische Untat, für die der Schuldige mit aller Härte bestraft werden wird. Die ganze Stadt wird Mitleid mit ihm haben. Gleichzeitig wäre es noch eine gute Gelegenheit, jemanden, der ihm im Weg steht, sauber zu beseitigen – als *Mörder seiner Frau.*

Oder er lässt mich für unzurechnungsfähig erklären, entzieht mir meine Mündigkeit und lässt mich einweisen. Das vermute ich zwar eher nicht, wegen meiner Familie, aber ein ärztliches Gutachten ist für Walter kein Problem, das müssen Sie wissen. Es ist nicht wie in Ihrer Welt, wo alles schwer oder kaum durchzuführen ist. Für Walter sind solche Dinge ein Fingerschnipsen. Aber ich ..." – hier brach sie in ein erschütterndes, lautloses Weinen aus, fing sich aber sogleich, wischte sich entschlossen die Tränen ab und setzte wieder ihr bitteres Lächeln auf – „ich wollte nie *nach oben kommen.* Oh, vielleicht war gerade das mein Fehler. Vielleicht bin ich Walter zu schwach. Walter hasst Schwäche. Und er hasst mich, weil ich ihm zu nah bin.

Trotzdem denke ich, dass ich das nicht verdient habe. Ich sage es Ihnen jetzt, falls Sie in den nächsten Tagen etwas Ungewöhnliches über mich hören sollten. Es wird nicht die Wahrheit sein! Die ,Wahrheit' gehört Walter. Er wird seine Versionen davon drucken und ausstrahlen und alle Menschen werden sie ihm abkaufen, wie sie sie ihm immer abgekauft haben. Aber nicht Sie, hören Sie? Sie dürfen das nicht glauben. Sie sind mein Alibi. Der unbekannte Mensch, den ich noch nie zuvor gesehen habe, der Fremde. Sie sind der geheime Fleck im Wald, an dem ich meine Schatulle vergrabe. Ich vertraue Ihnen, denn ich kenne Sie nicht. Ich wüsste nicht, wem ich mich sonst mitteilen sollte. Es gibt Freunde, das ist wahr. Aber Walter beherrscht sie alle. Ich bin einsam, jawohl. Aber wenn Sie einen wirklich einsamen Menschen sehen wollen, dann sollten Sie zu Walter gehen. Er hat niemanden. *Gar* niemanden. Keinen einzigen. Er spricht seit Monaten kein Wort mehr mit mir, er geht nirgends mehr hin ohne seine Leibwächter, die er täglich wechselt, seine Telefone sind abhörsicher, er arbeitet nie online! Das Herz, das in seiner Brust schlägt, ist lebendes Misstrauen. Er ist der einsamste Mensch, den ich kenne. Neulich setzte er sich nachts, schweißgebadet, wie ein Klappmesser auf und als ich ihn fragte, was denn los sei, stierte er mit aufgerissenen Augen geradeaus und brabbelte vor sich hin, dass er geträumt hätte, er wäre die dritteinsamste Person dieser Stadt. Walter hat in der letzten Zeit öfter solche Alpträume. Es war übrigens das einzige Mal, dass er in diesen Monaten mit mir sprach – und auch das kann ich mir nur durch seine Aufgewühltheit erklären. Bei vollem Bewusstsein spricht Walter nie über sein Innenleben. Sie müssten ihn sehen, wenn er allein ist. Oh Gott, das ist ein Leben. Entschuldigen Sie." Sie zitterte wieder. Ein neuer Weinkrampf.

„Sie wundern sich bestimmt, dass wir noch dasselbe Schlafzimmer teilen ..."

„Nein. Entschuldigen Sie. Ich ..."

„Glauben Sie an Gott?", fragte sie unvermittelt.

„Ich? Wieso? Nein."

„Schade. Ich hatte gehofft, Sie könnten mir ein bisschen Trost zusprechen. Woran glauben Sie denn?"

„Ich weiß es nicht."

„Oh –. Es könnte sein, dass Sie schon bald an Gott glauben müssen."

„Glauben Sie denn an Gott?"

„Ich? Nein, ich denke nicht. Ich habe es versucht und – vielleicht glaube ich auch. Man muss an Gott glauben, um durchzukommen, das werden Sie sehen."

„Woher wollen Sie das denn wissen?"

„Ich weiß es eben. Ich weiß es hier – in meinem Herzen. Allein dass ich es weiß, hilft mir, nicht zu verzweifeln. Vielleicht glaube ich ja wirklich. Was würde aus mir werden ohne Glauben? Denken Sie, ich könnte auch nur eine Minute länger bei dem Mann bleiben, der mich tot sehen will?"

„Ich weiß es nicht", war wieder nur alles, was ich darauf sagen konnte.

„Was ist mit der Polizei?", fragte ich dann.

„Vergessen Sie das am besten ganz schnell wieder. Walter hat sie alle in der Hand."

„Was kann man denn sonst für Sie tun?"

„Nichts, mein Freund, gar nichts. Beten Sie! Ich muss mir heute Abend über einiges klar werden. Doch, etwas können Sie schon für mich tun: vergessen Sie mich nicht! Und denken Sie an das, was ich Ihnen erzählt habe!"

„Das werde ich, ich verspreche es Ihnen."

Sie reichte mir ihre Hand. Sie fühlte sich herrlich an. Eine menschliche Hand. Ein lebendiges, schönes kleines Händchen. Ich ging. Sie lächelte, schien gar erleichtert in ihrem Stuhl zu sitzen, angelehnt, nach oben blinzelnd. Ich war verwirrt. Was hatte all das zu bedeuten? Was ist, wenn sie lügt? Aber warum sollte sie? Wieso jener letzte Seitenhieb mit

Gott? Egal – ich hatte die dritteinsamste Person gefunden, dessen war ich mir sicher. Es war Walter Leonard Catz, seit fünfzehn Jahren Oberbürgermeister dieser Stadt, Besitzer von Catzi-Textil (der Hauptzulieferfirma für fast alle Mode- und Bekleidungsunternehmen auf dem ganzen Kontinent mit weltweiter Expansion), Besitzer der vier größten Kaufhäuser dieser Stadt, Besitzer des „Horizont" und mehrerer kleinerer Zeitungen und Journale, zahlreicher Hotels und Gaststätten, Besitzer des erfolgreichsten Fußballclubs des Landes sowie der beiden städtischen Fernsehkanäle und cines überregionalen – insgesamt direkter Arbeitgeber von gut 175 000 Menschen und Regent über – wie viele Einwohner hat diese Stadt? Etwa eine Million? Ja, das ist Leo Catz, wie die Welt ihn kennt. Selfmademilliardär par example, einflussreichster Politiker der Konservativen Partei und einer der ersten Anwärter auf den Thron des Staatschefs bei den Parlamentswahlen im nächsten Herbst.

Madonna Catz erschütterte mich. Ich werde alles in meinem Kopf aufbewahren – für irgendwann ...

10

Nun sitze ich da wie seekrank. Was ist das für eine Geschichte? Ob die Frau nicht doch eine Hochstaplerin ist? Könnte ja immerhin sein, rein theoretisch. Nein, das war eindeutig zu viel für mich. Wieso soll er sie loswerden wollen? Ich meine, jeder wäre froh, wenn er eine solche Frau hätte. Ja ja ich weiß, „das ist nichts für dich". Nein! Jetzt hab ich aber genug davon! Wieso soll das nichts für mich sein?! So ein guter Mensch. Den muss man einfach gern haben. Hässlich! Wenigstens darüber wird man ja wohl noch nachdenken dürfen. Es ist ja auch eine einmalige Ausnahme. Das heißt doch nicht, dass ich jetzt deswegen gleich die ganze Welt umarme. Na das nun wirklich nicht. So viel Verstand ist noch übrig geblieben. Sie ist eine Ausnahme, nur eine Ausnahme. Im Grunde ist sie außer einer Ausnahme gar nichts. Und wenn ich es mir genau überlege, gibt es sie vielleicht nicht einmal wirklich. Hier sind in der letzten Zeit so viele seltsame Dinge geschehen – es würde mich nicht wundern, wenn sich das Gespräch von heute Nachmittag als Einbildung herausstellen würde.

Ich kann sogar sagen, weshalb mir das alles so unwirklich vorkommt. Sie – also Madonna Catz – erinnert mich sehr an eine gute, vor fast zwanzig Jahren unter unglücklichen Umständen verstorbene Person, wenn ich das einmal so formulieren darf, mein gnädiger Herr. An die einzige Person erinnert sie mich, die mich irgendwie wie einen Menschen behandelte. Mann, was denke ich hier denn nach! Ich will eigentlich nicht darüber nachdenken! Überhaupt keine Lust! Das ist doch alles nur Müll! Müll, Müll, Müll und nochmals Müll! Das interessiert doch keinen Menschen und am wenigsten mich! Madonna Catz, was hast du mit mir gemacht, hm?! Du hattest kein Recht dazu! Kein Recht meine Mutter hervorzuholen! Kein! Recht! Und trotzdem – oh Gott ist das hässlich – trotzdem – hässlich, hässlich, hässlich! – habe ich sie irgendwie – gern ... Wie kann das sein? Was geht mich anderer Leute Elend an? Ich weiß langsam überhaupt nichts mehr. Es ist Zeit für meinen nächtlichen Spaziergang! Auf geht's!

Hahaa, ich habe heute keine Lust dazu; ich habe es geahnt, jawohl geahnt! Und ich weiß auch, warum ich gar keine Lust habe: weil es mir nicht mehr gefällt. Das weiß ich, bevor ich rausgehe. Ich spüre es. Natürlich zieht es mich hinaus. Ich glaube auch, dass ich dann trotzdem noch gehen werde. Ich kann einfach nicht anders. Aber es kotzt mich jetzt schon an. Dieses gottverlassene Herumgeschleiche und Herumgeschnüffle! Wie ein streunender Hund. Streunende Hunde fängt man ein oder man erschießt sie. Ich bin nicht besser. Wenn ich tot bin, wird es einen anonymen Grabstein geben: „Hier ruht der unbekannte Mensch". Keiner wird ihn besuchen. Keiner wird noch jemals einen Gedanken an mich verschwenden! Hässlich! Mich wird es nie gegeben haben! Haha! Wenn es mich nicht mehr gibt, wird es mich auch nie gegeben haben! So ein hässlicher Müll, so ein Dreck! Das stinkt ja zum Himmelherrgottnochmal! Ich frage mich, wieso ich überhaupt hier sitze. Madonna Catz, Madonna Catz, du bist für mich ein Mensch ... es war wirklich schön mit dir zu reden heute. Hey, hey – jetzt aber mal ganz langsam: Habe ich mich verliebt? Die Antwort ist für jetzt und alle Zeiten: Nein. Was soll das! Ich habe mich doch nicht in Madonna Catz verliebt!

Verliebt sein ist nichts für mich, das wissen wir doch mittlerweile. Ich bin schlecht. Jawohl, ich bin schlecht. Ein ganz schlechter, stinkend schlechter Mensch. Als ich noch Bekannte hatte, hat mir mal einer von denen gesagt, ich hätte einen „Hang zur Selbstzerstörung".

Mir ist vorhin, als ich nach Hause ging, wieder so eine alte, hässliche Geschichte eingefallen. Ich kam irgendwo neu dazu, weiß nicht mehr, war in der Freizeit, hier, nach der Marine. Fußball. Mein einziger Versuch in dieser Stadt Kontakt zu knüpfen. Da waren zwei Jungs, die ich sehr sympathisch fand. Ich sprach sie aber nie an. Eines Tages traf es sich, dass wir zu dritt mit dem Fahrrad nach Hause fuhren. Zu dritt, ich mit ihnen. Ich fühlte mich richtig gut. Als wir ungefähr einen Kilometer zusammen gefahren waren und schon richtig ins Gespräch gekommen waren, sagte ich, ich müsse da vorne abbiegen. Das war gelogen. Ich hätte noch viel länger mit ihnen fahren können. Warum ich den anderen Weg genommen hatte, weiß ich nicht. Ich weiß nur, dass ich zuraste wie ein Verrückter. Und schon war ich um die Ecke verschwunden. Da fuhr es wie der Blitz in mich und ich dachte, wieso bin ich jetzt eigentlich von ihnen weggefahren? Wir hätten uns noch so schön unterhalten können. Vielleicht hätten wir uns sogar richtig gut verstanden. Und vielleicht hätten wir noch etwas ausmachen können, dass wir öfters zusammen fahren oder so. Jetzt denken die bestimmt von mir, dass ich ein Idiot bin. Ich hab es verdorben. Also fuhr ich wieder zurück, um sie zu suchen und einzuholen. Es wurde schon dunkel. Ich fand sie nicht. Ich bereute meine Hitzigkeit wahnsinnig und hoffte, wenn ich auf der Parallelstraße ganz schnell fahre, schneide ich ihnen vielleicht den Weg ab und treffe sie fünf Straßen weiter wieder. Aber nichts. Sie kamen nicht. Hatte ich sie verpasst? Standen sie noch irgendwo und unterhielten sich? Sollte ich warten oder es noch weiter vorn versuchen? Ich wollte doch meinen Fehler unbedingt wieder gutmachen! Ich wollte sie doch wieder treffen! Ich wollte ihnen doch sagen, dass es mir Leid tut, es war blöd von mir, davonzufahren, ich hätte es mir gleich anders überlegt und würde doch mit ihnen mitfahren können; so ein kleiner Umweg stört mich doch nicht, vielleicht könnten wir ja noch etwas zusammen machen. Aber es kam niemand. Oh wie ich es bereute weggefahren zu sein! Ich wartete. Als sie immer noch nicht kamen, raste ich den Weg entlang, den sie meiner Meinung nach genommen haben müssten. Ich wollte ihnen doch zeigen, dass ich ganz in Ordnung bin, dass es sich lohnt, mich dabei zu haben. Ich fand sie nicht mehr. Und ich beschimpfte mich! Ich malte mir die schönsten Bilder aus, wie es hätte werden können wenn ... abgelöst von einem abgrundtief düsteren Szenario – dem meiner eigenen Zukunft, die ich mir auch vorstellte, wie sie werden würde, jetzt nachdem ich so dumm, dumm, dumm ...! Das musste ja bestraft werden. Hatte ich etwas Besseres verdient? Nein! Aus Wut und Reue fing ich auf dem Fahrrad zu weinen an. Es war ja dunkel. An diesem Abend hätte ich so viel dafür gegeben – so viel! – wenn ich an der Kreuzung nicht so dämlich in die falsche Richtung davongerast wäre. Doch das war im großen Plan nicht vorgesehen. Keine Möglichkeit das Drehbuch umzuschreiben. Und *ich selbst* war ja der gewesen, der so entschieden hatte! Darunter hatte ich wirklich am meisten gelitten, unter meiner eigenen Blödheit. Stundenlang hinterher ging es mir noch schlecht. Ich ging nie mehr zum Fußball. Die Jungs traf ich auch nie mehr. Das war der Hang zur Selbstzerstörung, den mein Bekannter meinte, nehme ich an. Und genau das ist mir heute nach dem Gespräch mit Madonna Catz wieder eingefallen. Dabei lege ich wirklich keinen Wert auf solche Erinnerungen. Ach, da gibt es ja noch so viele mehr ... Hässlich, alle zusammen ganz hässlich! So sitze ich jetzt schon eine ganze Weile hier und kann mich nicht dagegen wehren. Lustig, nicht wahr? Ich ahnte es von Anfang an, dass da ein ganz großes Ding auf mich zukommt. Wahrscheinlich kann ich da gar nicht mehr raus. Ich hoffe nur, dass ich es überlebe, dass es gut ausgeht.

11

Guten Morgen.
Es geht mir nicht so besonders. Ich habe einen schweren Kopf. Der Kaffee scheint auch nicht zu wirken. Vor mir liegt die heutige Zeitung. Es ist 9.30 Uhr und ich weiß, was ich zu tun habe. Schlimm. Aber auch gut. Geträumt habe ich letzte Nacht, ja ja. Auf der Liste ... – na, ich kenne es ja inzwischen. Habe noch anderes Zeug geträumt. Weiß gar nicht mehr. Wirres Zeug. Wachte auf und fühlte mich gar nicht gut.
Ich muss es beenden, so schnell wie möglich beenden. Deshalb bin ich dann doch zum Briefkasten. Ich hatte eigentlich gedacht, das Erste, das mir ins Auge fallen wird, ist bestimmt der Titel. Aber heute war es anders. Ich habe nämlich noch einen Haufen Werbung gekriegt – obwohl ich extra dranste-

hen habe „keine Werbung bitte!" – so dass meine Zeitung gar nicht ganz in den Briefkasten ging. Was ich zuerst sah, war ein Bildchen in der Kopfzeile gleich unter dem HORIZONT–Schriftzug. Da ist immer so eine Leiste mit drei, vier Bildern und je ein paar Zeilen, die auf einen Beitrag in der Zeitung hinweisen. Wisst ihr, was ich meine? Auf dem, welches ich zuerst sah, war der Kopf vom Papst mit seinem hohen, weißen Hut für besondere Anlässe, seinem Stab und der typischen Geste mit den zwei Fingern zu sehen. Darunter stand: *Überraschende Palmsonntagsansprache auf Petersplatz: „Bekennt einander eure Schuld!"'Die Rede des Heiligen Vaters S. 36.* Ich hatte wirklich langsam keine Lust mehr. Was sollte das schon wieder? Der Papst ist nun beim besten Willen kein Einwohner dieser Stadt. Außerdem war ja gestern auch Silvia Catz nicht die Person, die ich finden sollte, sondern ihr Mann. Aber der Papst? Ich wüsste nicht, dass er eine Frau hat. Entschuldigung, dass ich lachen muss, aber auch einen festen Freund dürfte er wohl kaum ... Entschuldigung. Nein, das ist wirklich komisch, wenn ich mir das vorstelle. Ach kommt! Ach nee – man muss auch mal lachen dürfen, oder? Ich habe ja nichts Schlimmes über ihn gesagt. Und überhaupt – es geht ja um etwas ganz anderes jetzt. Ich habe ja schon gesagt, dass ich weiß, was ich zu tun habe. Oder sagen wir es mal so: ich habe einen starken Verdacht.

Ich will auch nicht zu lange herumreden, wie ich darauf gekommen bin, wie ich die Rede gelesen habe und so weiter. Ich sage es, aber lachen Sie nicht: Ich werde heute beichten gehen. Warum? Ganz einfach – es ist die Aufforderung. Nicht nur das Bild vom Papst fiel mir ins Auge, sondern auch der dazugehörige Text. Das Einzige, was man sich daraus entnehmen kann, ist der Satz „Bekennt einander eure Schuld". Aber wie soll ich das machen?

Mir fiel nichts Besseres ein als der Beichtstuhl. Ich war zwar seit dem unglücklichen Tod einer wunderbaren Person nicht mehr in der Kirche und weiß auch gar nicht, was ich bekennen sollte. Aber es wird mir schon etwas einfallen. Die haben neben der Papst-Rede, wahrscheinlich weil es auf Ostern zugeht, gleich die ganze Seite mit Kirchenerklärungen vollgemacht. Der Unterschied zwischen katholischer und evangelischer Kirche, die wichtigsten Glaubensvorbilder, die wichtigsten Gebete, Sachen, die da und dort gleich sind wie das Vaterunser und ein bisschen Geschichte. Ich habe mir alles mal durchgelesen – vielleicht kann ich ja was davon gebrauchen. Schöne bunte Seite übrigens, schön einheitlich mit einem Thema. Kann man sich ja mal aufheben, falls man mal was wissen will. Sonst ist ja auf einer Seite immer alles durcheinander.

So, aber nun gehe ich. Wünscht mir Glück.

12

Am besten, ich mache gar keine lange Vorrede und erzähle einfach wie es war. Als ich hinkam, musste ich warten. Jemand war vor mir dran. Ich wusste ja nicht einmal, ob man da einfach so hingehen kann oder ob man einen Termin ausmachen muss. Vielleicht hatte ich auch einfach bloß Glück. Dass ich noch einige Zeit warten musste, war gar nicht so schlecht, denn so konnte ich mir wenigstens noch ausdenken, was ich beichten wollte. Der Pfarrer sollte sich ja nicht verarscht vorkommen. Ich durfte auch nicht zu viel riskieren, denn wenn mein Spiel aufflog, war es dahin. Das durfte nicht geschehen, dachte ich.

Mit solchen Gedanken war ich zur Kirche gekommen. Als ich aber dann in der morgendlichen Ruhe so dort saß, fiel mir wieder ein, dass ich mich doch dran halten wollte nichts mehr zu kontrollieren und nicht mehr alles zu berechnen. Denn das war ja bis jetzt in der Sache ziemlich schief gegangen.

Ich denke da nur an meine verschiedenen Systeme, um die Leute zu finden. Meine Güte, wie beschränkt! So kam ich zu dem Schluss, dass ich einfach so reden müsste, wie es mir gerade einfällt. Da war ich dann auf einmal wieder sehr beruhigt und beinahe froh. Und schon ging auch der Vorhang auf, eine Frau kam heraus und eilte davon. Ich war an der Reihe. Ich ging die paar Meter über den Gang. Meine Schritte hallten in der leeren Kirche. Das klang richtig unheimlich. Ich zog den Vorhang hinter mir zu und setzte mich auf den Beichtstuhl. Es war sehr dunkel. Und es roch ein bisschen alt. Nebenan war es still. Ich wusste nicht einmal, ob da überhaupt jemand war. Irgendwie kommt man sich da schon beklommen vor. Na ja. Nachdem ich etwa eine Minute gewartet hatte, sagte ich: „Vater?"

„Ja."

„Ich möchte etwas beichten."

„Deshalb bist du hier", antwortete eine energische, aber dürre Stimme.

„Es heißt doch, wir sollen einander unsere Sünden bekennen." (Schweigen.)

„Wenn das stimmt, Vater, dann sag es mir bitte."

„Es stimmt."

„Gut. Das ist es, was ich bekennen möchte."

„Was?"

„Dass wir einander die Sünden bekennen sollen."

„Was möchtest du davon bekennen?"

„Alles. Alles. Ich möchte bekennen, dass ich dagegen verstoßen habe. Mein Leben lang. Ich habe nie meine Sünden bekannt... und du hast ja gesagt, Vater, dass wir unsere Sünden bekennen sollen. Wenn ich das also nicht getan habe, dann ist das ja selbst eine Sünde ... Vater?"

„Hast du denn keine spezielle Sünde, die du bekennen möchtest?"

„Nein. Ich bin gekommen, um zu bekennen, dass ich meine Sünden nicht bekannt habe."

„Das ist sehr weitsichtig, Sohn. Nur erscheint es mir der zweite Schritt vor dem ersten zu sein."

„Warum?"

„Wenn du zugibst keine Sünden bekannt zu haben, gibst du dann nicht auch zu gesündigt zu haben?"

„Wieso?"

„Sohn, verzeih, dass ich schmunzle, aber wenn du nicht gesündigt hättest, hättest du keine Sünden. Folglich gäbe es auch nichts zu bekennen, was wiederum hieße, es wäre keine Sünde nicht zu bekennen. Im Gegenteil – es wäre sogar eine Sünde etwas zu bekennen, wo gar nichts ist. Du würdest dann lügen. Und hättest also tatsächlich etwas zu bekennen, jedoch etwas anderes, als du eigentlich meintest. Aber dies wird zu schwer, ich merke es schon. Meine Lust zu theoretisieren ist mit mir durchgegangen. Also: hast du nicht auch irgendeine Sünde, die du beichten willst?"

„Ja, Vater."

„Ja, Sohn?"

„Ich habe gegen das Vaterunser gesündigt."

„Inwiefern?"

„Ich habe gelogen."

„Inwiefern?"

„Es heißt doch: ich glaube an den Heiligen Geist, die heilige, christliche Kirche, Gemeinschaft der Heiligen, Auferstehung der Toten und so weiter."

„Das ist nicht das Vaterunser, Sohn. Das sind Worte des apostolischen Glaubensbekenntnisses."

„Oh –"

(Schweigen.)

„Ich habe gegen die Gemeinschaft der Heiligen verstoßen."

„Ich dachte, du hättest gelogen?"

„Habe ich auch. Ich habe immer gesagt, ich glaube an die Gemeinschaft der Heiligen."

„Du glaubst nicht an die Gemeinschaft der Heiligen?"

„Doch Vater. Aber ist es nicht so, wenn ich an den Sohn glaube, glaube ich an alles was er gesagt und getan hat? Und wenn ich an Gott glaube, glaube ich an alles was er gesagt und getan hat?"

„Worauf willst du hinaus?"

„Wenn ich also an die Gemeinschaft der Heiligen glaube, muss ich mich dann nicht auch danach richten?"

„Ich verstehe nicht ganz ..."

„Mit *sich danach richten* meine ich, dass man Gemeinschaft haben *soll!* Es heißt ja *Gemeinschaft der Heiligen* ... wie kann es aber Gemeinschaft geben, wenn ich keine Gemeinschaft habe? Ich lebe allein, Vater. Seit sieben Jahren lebe ich allein. Und doch habe ich immer diese Zeile gebetet. Es ist das einzige Gebet, das ich kann. Und nicht einmal das konnte ich ohne Sünde beten. Ich habe also gelogen, die ganze Zeit, Vater, habe ich gelogen ..."

„Du lügst auch jetzt."

„... weil ich nie mit Heiligen Gemeinschaft hatte. Ich bin einsam, Vater. Ist das nicht eine Sünde?"

„Warum bist du wirklich hier?"

„Um zu beichten! Ich bin einsam, Vater. Ist das eine Sünde?"

„Ist dies denn deine freie Entscheidung?"

„Meinst du, ob ich es mir so ausgesucht habe?"

„M-hmm."

„Ja, denn ich denke, es ist das Beste. Ist es das denn nicht?"

Er klang erregt: „Sag mir, weshalb du hier bist!"

„Ich habe es dir doch gesagt. Ist es nun eine Sünde?"

(Schweigen.)

„Vater?"

Seine Antwort drang müde und schwach durch das Geflecht. Er seufzte, er flüsterte fast, als er sagte: „Ja, es ist eine Sünde."

„Kannst du mir vergeben, Vater?"

Er schwieg.

„Kannst du?"

Er klang noch schwächer: „Ich vergebe dir, Sohn. In nomine patris et filii et spiritus sancti."

„Amen. Danke, Vater."

„Warte! Bist du von hier?"

„Nein, Vater, ich bin ursprünglich aus · · · · ·"

„Kennst du mich? Weißt du, wer ich bin?"

„Wer bist du?"

„Ich bin nur ein Diener ... nur ein Diener. Ich wundere mich über dich. Wieso duzt du mich?"

„War das falsch?"

„Nein, es war vollkommen richtig. Es war ... vollkommen, tatsächlich. Welche Kirche besuchst du?"

„Gar keine, Vater. Ich war das letzte Mal in einer Kirche, als ich sieben war."

„Das dachte ich mir. Tja, Sohn, was mache ich mit dir? Sag mir, was ich machen soll."

„Ich weiß nicht ..."

„Ja richtig, woher solltest du auch ... Wie alt bin ich, deiner Meinung nach?"

„Vielleicht fünfundsechzig?"

„Oho, danke! Ich bin zweiundsiebzig, werde bald dreiundsiebzig. Was glaubst du, wie lange hat ein zweiundsiebzigjähriger Mann noch zu leben?"

„Ich weiß nicht ... zehn, fünfzehn Jahre?"

„Das klingt gut, Sohn, das klingt gut. Das ist Musik in meinen Ohren. Wie alt bist du?"

„Siebenundzwanzig."

„Herrlich, nicht wahr? Siebenundzwanzig ... nicht einmal halb so alt wie ich. Ich könnte dein Vater sein, oh ihr Verfluchten ... Ach, ich kenne dich gar nicht und vielleicht ist das gerade gut. Wenn ich dich um einen Gefallen bitten würde, würdest du ihn mir dann erfüllen?"

„Ja, wenn ich es könnte?"

„Du könntest es, du könntest es."

„Was soll ich tun, Vater?"

„Das ist nicht leicht zu erklären, obwohl es dann doch eigentlich ganz einfach ist. Siehst du, du kamst vorhin hier herein und hast mich geduzt, und ich dachte mir, wieso duzt er mich? Aber es hat mir gefallen. Weißt du auch warum?"

Ich schwieg.

„Weil ich mich gar nicht mehr erinnern kann, wann mich das letzte Mal jemand geduzt hat. Ich möchte dir sagen, dass mir das gefallen hat. Aber du hast mehr gesagt und einiges davon stimmte mich nachdenklich. Es ist lange her, dass ich eine so verlogene und dabei gleichzeitig so ehrliche Beichte hörte. Du hast mir das Herz berührt, Sohn."

Eine längere Pause. Ich sagte nichts. Jeder meiner Nerven war bis aufs Letzte gespannt. Er fuhr fort: „Und da habe ich mich entschlossen dich um diesen Gefallen zu bitten."

„Welchen Gefallen, Vater?"

„Es fällt mir nicht leicht. Doch ... würdest du mir die Beichte abnehmen?"

„Die Beichte? Vater, ich weiß nicht, ob ich das kann. Ich weiß nicht, ob ich das darf. Ich habe das noch nie gemacht. Ich gehe doch nicht einmal in die Kirche!"

„Keine Sorge, ich erlaube es dir. Du musst nichts weiter tun, als mir zuzuhören. Würdest du das tun?"

„Wenn du es so willst ..."

„Ich will es. Genauso will ich es, Sohn, genauso! ... Verzeih. Bist du bereit?"

„Ja ...?"

„Du gefällst mir. Du hast ein Herz, Junge. Ich danke dir, ich danke dir schon jetzt. Du machst einem alten Mann eine große Freude. Wenn du wüsstest ... aber lass gut sein, ich will beginnen. Es ist gut, dass du nicht weißt, wer ich bin. Es ist gut, dass du nicht zur Kirche gehst. Nein, das ist nicht gut! Aber es ist gut, dass du nicht *hier* zur Kirche gehst, Junge! Oh ja, das ist wirklich und wahrhaftig ausgezeichnet, ha!

Weißt du, dass eben dieser Tage der Heilige Vater in Rom dazu aufgerufen hat, einander die Sünden zu bekennen? Ich finde es erstaunlich, dass du genau mit diesem Anliegen zur Beichte kamst, wo du doch von der heiligen Mutter Kirche kaum etwas weißt. Erstaunlich, wirklich erstaunlich ... Ich will dir bekennen, Sohn, auch ich habe meine Sünden schon lange nicht mehr bekannt und dies ist, wie du richtig sagtest, selbst eine Sünde. Ich habe zu bekennen, denn ich habe gesündigt. ‚Da ist nicht einer ohne Sünde, nicht einer!‘, sagt die Heilige Schrift. Also, was wäre es vermessen, wenn ich behauptete, ich hätte nicht gesündigt. Aber diese Sünden, oh, meine Sünden erdrücken mich. Sohn, ich bin alt und ich gehe gebeugt. Aber es ist kein körperliches Leiden, es ist diese Sündenlast, die mich zu Boden drückt. Mein Gang ächzt bei jedem Schritt, meine Lungen finden keinen Raum mehr, mein Auge ist trüb geworden und der Geschmack meiner Liebe ist so schal, dass es besser wäre, man würde den Rest ausgießen, damit er nicht die Zunge vergiftet. Ach, ich rede wie ich's gelernt und hoffe, du verstehst etwas. Wenn aber nicht, so tut es auch nichts. Lass mich nur immer reden. Bist du noch da?"
„Ja, Vater."
„Gut so. Bleib nur immer schön bei mir. Jetzt, da wir es einmal begonnen haben, wollen wir das Werk auch zu Ende bringen, nicht wahr? Ja ja, genauso soll es sein. Heute ist der Tag, an dem wir nicht schweigen werden. Heute werden wir dem Teufel ein Schnippchen schlagen. Oh, Mutter Gottes gib uns Kraft! Ja, Sohn, heute ist der Tag der Beichte. Du hast noch mehr Dinge gesagt. Du sprachst davon, dass du gegen die Gemeinschaft der Heiligen verstoßen hättest. Ich bekenne, dass auch ich diese Sünde getan habe. Seit unzähligen Jahren lüge ich genau wie du, wenn ich unsere Gebete ausspreche. Sie bedeuten mir nichts mehr, die Wahrheit darin bedeutet mir nichts mehr. Du aber hast mich angerührt. Ja, es ist wahr! Ja, man soll Gemeinschaft haben! Was zählen all diese Purpurge-

wänder, wenn der Mensch dabei verloren geht? Wie sagt die Heilige Schrift? Was nützt es einem Menschen, wenn er die Welt gewinnt, aber an seiner Seele Schaden nimmt? So ist es, Sohn, so ist es! Jetzt erkenne ich es! Aber ich habe es zu lange verleugnet.

Weißt du, was ich getan habe? Ich habe die Menschen verachtet. Ihre Kleinlichkeit habe ich verachtet, ihre Selbstsucht verurteilt, ihr Sündhaftigkeit gerichtet. Ihre Erbärmlichkeit, ihre Unterlegenheit widerten mich an. Ich bin weggegangen von ihnen, weil ich ihre Unvollkommenheit nicht mehr ertragen wollte. Ich strebte nach Höherem. Nach Voll-kommenheit. Ich wollte bei *ihm* sein. Ich zog mich von der Welt zurück in jungen Jahren, um ganz meinem Gotte zu dienen. Mein Gott und ich, so dachte ich, mehr brauche ich nicht. Dann öffneten sich mir die Türen der Kirche und ich stieg und stieg nach oben. Doch je näher ich mich dem Himmel wähnte, desto weiter, dachte ich, müsse ich mich von der Welt zurückziehen. Mein Elternhaus verließ ich mit achtzehn. Meine guten Eltern – ich sah sie nie wieder. Ich habe keine Geschwister. Alle Versuche meiner Eltern, mir, ihrem einzigen Kind, zu begegnen, habe ich abgewehrt. Ich habe sie verstoßen, aus meinem Herzen habe ich sie verstoßen. Ich weiß nicht einmal, wann sie gestorben sind und wo sie begraben wurden. Ahh, vergib mir!"

Die Stimme des Priesters war von unvorstellbarem Schmerz verzerrt.

„Ich habe schwer gesündigt, Sohn. Nicht mit meinen Händen. Aber alle Sünden dieser Welt hat mein Herz begangen. Alle! Ja sogar die allerschlimmste ..."

„Oh, Vater ..."

Ich konnte mich nicht dagegen wehren mir vorzustellen, dass diese Stimme einmal sehr warm gewesen war.

„Ja ja, so sieht die Wahrheit aus. Hässlich, nicht wahr? Sag, glaubst du an Gott?"

„Nein, nicht so richtig. Ich weiß es eigentlich gar nicht so genau."

„Du solltest an Gott glauben. Man muss an ihn glauben, sonst vergeht man."

„Ja, das hat mir schon einmal jemand gesagt ..."

„Sieh an. Dann solltest du erst recht glauben. Merke dir das, Sohn. Ich habe dich gern. Ich würde dir nichts Schlechtes raten."

„Danke Vater. Ist Ihre Beichte zu Ende?"

„Ja. Vorerst."

„Wollen Sie gar keine Sündenvergebung?"

„Sündenvergebung? Du kannst mir meine Sünden nicht vergeben."

„Aber Gott vielleicht ..."

„Gott! Natürlich könnte er es. Doch er wird es nicht tun."

„Was ... ich ... wieso vergibt Gott mir und nicht Ihnen?"

„Wieso duzt du mich nicht mehr? Bin ich dir zu schlecht? Hat meine Schlechtigkeit dir Respekt verschafft? Oh ja, so seid ihr, so ist die Welt! Hat sie erst einmal die Wahrheit geschnüffelt, zieht sie sich zurück und will nichts mehr damit zu schaffen haben."

„Es tut mir Leid, Vater, ich wollte nicht ... dich nicht ... es tut mir Leid, wirklich."

„Oh nein, du musst dir nichts vorwerfen. Ich selbst bin Teil dieser Welt und habe danach gehandelt, obwohl ich mein Leben lang frei davon werden wollte. Verstehst du diesen Abgrund mein Sohn? Ich wollte von der Welt frei werden und habe nach ihrem Sinn gehandelt, um das zu erreichen! Ich dachte, ich schaffe es aus eigener Kraft! Verstehst du das, verstehst du? Aus eigener Kraft wollte ich es schaffen! Ich hielt mich für würdig genug die Welt zu überwinden – aus eigener Kraft. Ich wollte selbst gut sein. Nicht *er* sollte mich gut machen! Siehst du diese Sünde, siehst du sie?
Ich dachte, ich wäre wie Gott allein, denn nur ihm ist gelungen, woran alle anderen scheiterten. Ich dachte, ich sei wie

Gott – und jetzt zertrümmert er mich. Darum wird er mir nicht vergeben, darum wird er es nicht tun – *aah*!"

„Wie kannst du denn aber predigen, Gott vergibt die Sünden um seines gekreuzigten Sohnes willen?"

„Tja, wie kann ich das predigen. Da hast du wohl die richtige Frage gestellt. Die Antwort ist: ich weiß es selbst nicht."

„Was? Du stehst auf der Kanzel und glaubst nicht an deine Worte?"

„Meine Worte, meine Worte! Es sind nicht meine Worte! Es tötet mich, dass es nicht meine Worte sind! Es sind die Worte von irgendwem – von Gott, meinetwegen – aber nicht meine Worte. Es ist theologisch, es gefällt dem Heiligen Vater, es gibt sogar Menschen, denen diese Worte Sonntag für Sonntag gefallen. Aber mir gefallen sie nicht, weil es nicht meine eigenen sind! Sie sind Fremdkörper!"

„Dann bist du wohl der größere Lügner von uns beiden."

„Der bin ich wohl. Und der größte, den du je gesehen hast noch dazu."

„Vater ..."

„Nenn mich nicht mehr Vater! Ich bin nicht dein Vater. Ich werde nie jemandes Vater sein, verstehst du?"

„Aber du bist doch der Vater von vielen. Deine Gemeinde ist groß."

„Sie laufen einem Trugbild hinterher. Ich predige nicht in der Wahrheit. Wie kann jemand, der seine eigenen Eltern verstoßen hat, ein Vater werden? Das ist nie wieder herzustellen. Ich finde keinen Trost, mein Sohn ..."

„Aber du nennst mich Sohn ..."

„Du hast Recht. Du hast wirklich Recht! Da hast du mich wohl erwischt, he? Doch was tut das jetzt noch. Eine Lüge mehr oder weniger ... es ist eine Gewohnheit. Eine schlechte Gewohnheit. Man sollte die Gewohnheiten aufgeben, vor allem die schlechten, und zum täglichen Bemühen umkehren. Das allein bringt Frucht. Doch dafür ist es bei mir zu spät.

Ich bringe keine Frucht. Ich bin ein dürrer Ast. Gott wird mich ausreißen, damit ich seinen Baum nicht verderbe. Er wird mich auf den Haufen werfen, an die Seite ...“

„So darfst du nicht reden. So etwas darfst du nicht sagen. Ich habe nicht deinen Glauben, aber ich ...“

„Du hast wahr gesprochen, du hast nicht meinen Glauben. Dein Glauben ist weit größer als meiner – und du weißt es nicht einmal. Wenn du wüsstest, wie ich dich darum beneide!“

„Trotzdem darfst du so nicht sprechen!“

„Wieso sollte ich so nicht sprechen dürfen? Wer will mir das verbieten? Gott? Dieser Unbarmherzige ...? Er hat kein Recht mir etwas zu verbieten! Er quält und peinigt mich. Er schlägt meinen Leib mit entsetzlichen Schmerzen. Weißt du, dass ich jedes Mal schreien könnte, wenn ich das Nötigste verrichte? Aber soll es doch so sein. Ich werde nicht winseln, nicht vor ihm, nicht, um ihm eine Freude zu bereiten! Er mag meinen Körper schlagen, wie es ihm gefällt, er mag meine Seele in nächtlichen Aufruhr versetzen – es kümmert mich nicht!“

Er hatte sich in Rage geredet, schien sich aber abrupt zu besinnen. „Ach, Junge, da wollte ich heute beichten und mache alles nur schlimmer. Als ob der Teufel mich reitet. Wer kann sich dagegen wehren? Nur der Gerechte, der Gerechte. Aber der bin ich nicht. Vielleicht hat Gott mich schon längst dem Feuer überlassen.

Weißt du, dass der Böse ein ganz besonders widerliches Vergnügen mit mir treibt? Er lässt mich träumen, ich sei die zweiteinsamste Person in dieser Stadt. Intelligent, nicht wahr? Er weiß ganz genau, dass es mich interessiert, wer noch einsamer als ich ist. Und genau deshalb will ich es nicht wissen. Ich werde nicht suchen. Nicht, um ihm einen Gefallen zu tun! Ich möchte niemandem gefallen! Wer gefallen möchte, hört auf er selbst zu sein!

Ach, hätte ich je geahnt, dass der Lauf der Dinge ein solches Elend annimmt. Es kommt der Tag, da du nicht mehr glauben kannst. Glaube, ich sage dir glaube, solange du noch glauben kannst. Ja gewiss, es gibt ein Zu-spät ... Manchmal glaube ich ... aber nein, das will ich dir lieber nicht erzählen."

„Ich verstehe dich."

„Du verstehst mich? Junge, du kamst hierher und hast mich angelogen. Ich weiß nicht warum, aber es hatte offenbar seinen Sinn. Vielleicht bist du ja wirklich einsam, wie du sagtest. Aber ich glaube nicht, dass du mich *verstehen* kannst ... Doch verzeih, was nehme ich mir schon wieder heraus? Ist nicht heute der Tag der Beichte? Oh ja, so sollte es sein. Nun, vielleicht kannst du mich ja doch verstehen. Vielleicht kamst du ja, um mich zu retten. Ach, ich wünschte nichts mehr, als Reue zu finden. Aber ich bereue nichts. Ich *kann* nicht, es *geht* nicht. Nur meinetwegen tut es mir Leid, um der entsetzlichen Qualen willen, wünschte ich alles davon! Das ist meine Offenbarung, die ich dir gebe. Verwahre, was du gehört hast."

„Was kann ich denn überhaupt für dich tun?"

„Für mich? Ach, Junge, was willst du für mich tun. Was ich brauche, kann kein Mensch mir geben."

„Du tust mir Leid, Vater. *Glaubst* du denn an Gott?"

„Was?"

„Du solltest vielleicht an ihn *glauben*. Erinnerst du dich? Das hattest du mir vorhin selbst geraten ..."

„Nur die Betonung lag auf einem anderem Wort ... Theorie, Theorie! Genug jetzt! Es ist genug. Ich danke dir, dass du mir zugehört hast, ich danke dir sehr. Weißt du, ich fühle mich leichter, ja leichter. Leichter ... so leicht, wie schon seit Jahren nicht mehr. Beinahe ist mir, als sei ich ein Vögelchen. Nur das Singen, das will noch nicht so recht gelingen. Nein, das war gelogen, glaube mir nicht. Ach Junge – es ist gut, dass ich dich nicht kenne. So können wir uns wenigstens in die Augen sehen, sollten wir uns noch einmal begegnen. Geh jetzt, geh!"

„Vater ..."

„Geh!"

So trat ich also ohne ein Wort aus der Kammer heraus und schickte mich an, zu gehen; ich blieb aber im Vorsaal noch einmal kurz stehen, um mir die Büchlein anzusehen. Da sah ich, wie ein schwarzer Gewandbausch die Beichtkammer verließ. Ein Raunen ging durch die Gläubigen, die sich zur Andacht auf die Kirchenbänke gesetzt hatten und man hörte: „Der Kardinal, es ist der Kardinal, es ist Kardinal Zacharias. Er hat die Beichte selbst abgenommen!"

Es war der höchste Vertreter des Heiligen Stuhls in unserer Stadt persönlich gewesen. Ob er mich sah? Ich weiß es nicht. Und selbst wenn, dann konnte er nicht wissen, dass ich es war, der ... Ich könnte auch einfach nur ein Tourist sein. Aber er – er war etwas anderes.

13

Mir ist kalt. Das kommt von der Durchblutung. Und das kommt vom dort Sitzen. Meine Unterschenkel sind schon richtig wie abgebunden. Ich spüre meine Füße gar nicht mehr. Sie sind taub vor Kälte. Draußen sind 22 Grad. Meine Wohnung liegt komplett auf der Nordseite. Nachts ist es immer noch relativ frostig. Ich lasse das Fenster auf. Früh, wenn mein Zimmer dann eisig ist, schließe ich es. Den ganzen Tag wird es nicht warm bei mir, weil ich die Heizung nicht aufdrehe. Heizkosten sparen. Außerdem härtet es ab. Alle Unannehmlichkeiten härten ab. Zum Beispiel Jahrmärkte oder andere Volksfeste. Das sind ja Annehmlichkeiten für die Leute. Also gehe ich nicht hin. Das ist nichts für mich.

Anfangs hat es mir immer einen Stich gegeben, wenn ich immer mal nur von weitem einen Blick auf die ganzen Menschen geworfen habe, wie sie so fröhlich waren, mit ihren

Zuckerwatten und ihren Freundinnen. Ich habe mir dann auch oft gewünscht nicht allein zu sein. Aber ich habe gemerkt, vom Wünschen ändert sich nichts. Da habe ich beschlossen gar nicht mehr hinzugehen. Nicht einmal mehr hinzusehen. Mittlerweile genügt es mir ja auch, wenn ich über alles in der Zeitung lese. Ich bin so froh, dass ich wenigstens die Zeitung habe! Es ist die beste Zeitung, die ich mir wünschen könnte! Eine wahre Freude. Sie sieht gut aus, hat ein klasse Format (nicht ganz so groß) und sie hat viele kleine Details, die mir wirklich ans Herz gewachsen sind. Zum Beispiel, dass die Seitenüberschrift in jedem Teil mit einer anderen Farbe unterstrichen ist, so dass man gleich erkennt, wo man ist. Außerdem steht wirklich alles drin. Und sie hat einen ausführlichen Lokalteil. Das ist mir sehr wichtig. Die Stadt hat ja immerhin auch rund eine Million Einwohner. Die wollen alle erfahren, was hier los ist.

Die Zeitung ist überhaupt das Beste an meinem ganzen Leben. Vielleicht ist sie meine Freundin. Ich liebe sie, ja! Ohne die Zeitung wüsste ich gar nicht ... Das ist schon seltsam, oder? Mir fällt gerade auf, wie leer es eigentlich ist. Wenn man mir die Zeitung wegnehmen würde, würde mein Leben aus nichts bestehen. Aus *Nichts*! So hat es wenigstens *Etwas*. Aber was ist das? Ist das etwas Sinnvolles? Zeitung lesen? Den ganzen Tag? Wenn ich die Zeitung nicht hätte, müsste ich ja wieder auf Jahrmärkte und Volksfeste gehen. Das wäre erst trostlos! Oder in Kneipen! Das geht ja alles nicht. Wieso fühle ich mich plötzlich so unerfüllt? Ich frage mich, was ich die letzten sieben Jahre gemacht habe. Mir fällt nichts ein. Ich könnte es nicht sagen, beim besten Willen nicht. Meine Erinnerung besteht nicht aus Ereignissen, sondern aus meinem Tagesablauf. Und der war fast immer gleich.

Wieso merke ich auf einmal wie stumm mich die Wände anschweigen? Mir ist, als denke ich meine Gedanken hinaus. Aber sie knallen nur gegen die Wände, fallen herunter und bleiben am Boden liegen. Dann muss ich aufstehen und meine eigenen Gedanken wieder aufsammeln! Weil da niemand anderes ist! Weil da einfach nie jemand ist! Man muss irgendwie damit fertig werden. Man braucht es nur gut zu betäuben. So wie der Priester. Der hat es rausgehabt. Schreckliches Schicksal. Wieso hab ich nur gesagt, er tut mir Leid? Er tat mir zwar auch Leid ... Aber was ist mit mir! Ich tue auch niemandem Leid. Zu mir kommt auch niemand. Da muss ich mir eben selber Leid tun, ha-haa.

Neulich kam sogar mal eine Karte für mich. Jemand, den ich damals in ····· kannte. Ob ich mich gefreut habe? Weggeschmissen habe ich sie! Nicht mal bis ans Ende durchgelesen habe ich sie! Gleich weggeschmissen! Weil er sich einschleimen wollte. Was soll ich mit einer *Karte* anfangen? Jeder braucht sein Ding. Eine Karte hat nichts damit zu tun. Was etwas damit zu tun hat, das bestimme immer noch ich, aber doch keine *Karte*! Ich habe die Zeitung – und der Priester hat die Kirche. Ein bisschen seltsam war das aber schon alles. Es hat mich persönlich verletzt, dass er so geredet hat. Als hätte er seine Geständnisse mir zum Schure gemacht. Wie kann er seinen Glauben so verleugnen! Was ist mit all den Menschen, denen er predigt und die ihm glauben? Das sind doch ein Verbrechen! Ein Verbrecher ist er, genau! Nein, aber so eine Tiefe auch. Dass ein Mensch so tief fallen kann. Was ist mit mir, was ist los mit mir? *Einsamkeit ist eine Sünde* – das habe ich doch nur zum Spaß gesagt! Ich musste mir doch irgendetwas ausdenken! Oh ist mir kalt. Wenn ich nur nicht immer so allein wäre. So beschissen allein! Aber ich weiß, was da ist: da ist so eine Unmöglichkeit. Die ist stärker als ich. Der kann ich nicht entfliehen. Also muss ich mich eben fügen. So einfach ist das. Was gibt es da noch groß zu diskutieren, verflucht, verflucht und nochmals verflucht!

Etwas ist aufgebrochen in mir! Etwas ist zerschmolzen! Wieso steht es mir jetzt so hässlich vor Augen? Leonard Catz-Fatz,

Zacharias Scheißedias! Scheiße! Scheiße! Wieso muss ich mich damit beschäftigen! Das ist doch alles wieder und wieder und immer wieder nur Müll! Au, meine Hand! Hoffentlich hab ich mir die jetzt nicht auch noch gebrochen! Das würde jetzt sehr schön passen. Die Krönung wäre das! Ich frage mich, wo da ein Sinn ist! Ich meine, ich habe ja auch bis jetzt gedacht, dass ich lebe. Bis jetzt! Na und? Was ist das! Was soll das! Was geht denn das irgendeinen an! Was-soll-das-al-les-al-les-ver-flucht-noch-mal-ich-bin-ver-ZWEIFELT! ... Glaubt mir das einer? Na da, jetzt blutet sie auch noch! Und fluchen tue ich auch schon. Na fein. Ich muss ja selber fast lachen, so durcheinander ist das. Ich sehe ja selber, dass es alles keinen Sinn macht. Weißt du, was das Komische ist? Wenn ich es besser *wüsste*, würde ich es ja besser machen. Aber ich *weiß* es nicht besser. Mir hat es ja keiner ge*lernt*! Was weiß ich denn? Was weiß ich denn, hä? Zum Beispiel Liebe. Oh–ho–hoh die Lühbe! In der Zeitung finde ich da nichts drüber. Nein, bitte sehr, nein, nein.

Gegen Ende meiner Marinezeit sind wir ein paar Mal auf dem Hafenstrich gewesen. Zuerst war es ganz lustig, obwohl meine Mutter immer gesagt hat: das ist nichts für dich. Eigentlich wollte ich nur endlich mal meine Jungfräulichkeit loswerden. Ich dachte, mit neunzehn wird es langsam Zeit. Aber so nach und nach hat es mich richtig angekotzt. Ich war vielleicht nur acht Mal mit oder so.

Ursprünglich wollte ich ja – jetzt erzähle ich es halt, es macht ja sowieso keinen Sinn – ursprünglich wollte ich ja eine Freundin. Ich hatte mir das alles eigentlich ganz schön ausgedacht. Aber dann konnte ich mir irgendwie nicht so richtig vorstellen, wie das gehen sollte. Das konnte doch nicht so einfach sein. Ich wusste aber auch nicht, was ich hätte tun können. Ich habe gedacht, ich muss mich erst noch dazu qualifizieren. Ich habe gedacht, ich muss erst noch etwas Gutes vollbringen, damit meine Freundin einen Grund hat mich zu lieben.

Aber es kam keine Gelegenheit für irgendein gutes Werk. Bei der Marine, als wir bei den Hafenbräuten waren, ist dann sogar das ganze Gegenteil eingetreten. Meine Mutter hatte mich ja gewarnt, aber ich habe es missachtet. Das war ein wirklich schlechtes Werk – nicht die Sache an sich, dass ich bei den Mädchen war, sondern dass ich nicht auf die Stimme gehört habe. Mir kam es hinterher vor, als wäre ich wie ein Raumschiff, das heim zur Erde will. Und kurz vor dem Eintritt in die Atmosphäre mache ich diesen Fehler und es katapultiert mich wieder tausende Lichtjahre in den Weltraum hinaus – unendlich viel weiter, als ich je draußen war. Deshalb hat es mich verbannt, meine eigene Blödheit! Eine Freundin war damit in weite Ferne gerückt. So wurde ich nach der Marine erst einmal sehr depressiv. Außerdem war da noch der Hass auf eine gewisse Person, so dass ich unbedingt die Stadt verlassen musste und hierher gezogen bin. Nun, da lebe ich also seit sieben Jahren und hatte mich eigentlich ganz gut damit abgefunden, bis letzte Woche der Satz auftauchte.

Ich bin aber schon gut vorangekommen. Die dritteinsamste Person und die zweiteinsamste Person habe ich gefunden. Jetzt steht nur noch der oder die Eine aus. Ich weiß nicht, ob ich noch die Kraft dazu habe. Allein wenn ich schon dran denke, dass ich morgen wieder losmuss, raus in die Welt ... Mein Kopf fühlt sich irgendwie so fiebrig an. Mir ist stechend heiß und meine Füße sind taub vor Kälte. Meine Gedanken gehen rasend schnell. Als ich heute mit dem Priester redete, musste ich ein paar Mal aufpassen, dass ich mich nicht verplappere, weil mein Mund gar nicht mehr hinter den rasenden Gedanken hergekommen ist.

Vorhin ging ich in ein anderes Zimmer, um mir einen Pullover anzuziehen. Zurück kam ich mit einem Glas Wasser. Als ich wieder dort saß, fiel mir auf, dass ich eigentlich einen Pullover anziehen wollte. Erschreckend, dass ich ihn schon nach zwei Schritten wieder vergessen hatte. Das geht mir in letzter Zeit oft so – ich will etwas machen und dann mache ich etwas ganz anderes. Vielleicht kommt das davon, wenn man zu lange allein ist. Ich mache auch oft Selbstgespräche. Manchmal muss ich mich auf der Straße richtig zusammenreißen, weil ich weiß, dass die Leute das nicht gut finden. Ich finde nichts dabei. Ich finde es sogar eher normal. Ich habe mal in der Zeitung gelesen, dass Leute, die Selbstgespräche führen, zielstrebiger sind. Das hat mir gut gefallen. Wieso soll ich mich überhaupt vor jemandem rechtfertigen für das, was ich mache?

Es sind übrigens nur die guten Menschen, die sich darüber aufregen – die, die gerne besser sein wollen. Den Schlechten ist das egal. Oder sie sind so schlecht, dass sie sich über alles aufregen. Die kann man dann auch nicht ernst nehmen. Aber es gibt ja auch richtig Gute. Welche, die wirklich gut sind in ihrer Seele. Trotzdem ... ich weiß nicht ... das ist vielleicht auch ein Grund, weshalb ich so allein bin. Ich kann weder mit den Guten noch mit den Schlechten etwas anfangen. Die Schlechten, das weiß ja jeder, die sind nicht gut für einen selbst. Sagt übrigens auch die Stimme, also meine Mutter, zu mir. Trotzdem kann ich die immer noch irgendwie leiden. Gern haben ist vielleicht übertrieben. Aber die guten Menschen, die wirklich Guten meine ich, die wollen einen dann ja gleich zurücklieben und lieben und lieben ... nein, nein, nein – da muss man sehr vorsichtig sein.

Also, es ist im Großen und Ganzen tatsächlich so, dass ich mich eher noch zu schlechten Menschen hingezogen fühle. Oder sagen wir mal so: ich kann sie alle am besten in der Zeitung leiden. Im echten Leben habe ich, ehrlich gesagt, gar keine Ahnung, wen ich mögen würde und wen nicht. Ich habe keine Ahnung, was die Menschen überhaupt sind. Ich weiß nur, was ich bin – ein schrecklich einsames Geschöpf. Aber ich weiß nicht, was die Menschen sind. Da geht es mir genau wie dem Priester – alles nur Theorie, Theorie. Einmal muss ich aber mindestens noch in die Praxis, denn das Ding muss beendet werden. Wenn ich es doch schon hinter mir hätte ... Wer wird es sein, die einsamste Person? Zuerst Leonard Catz. Wer hätte gedacht, dass es ihn trifft, einen der reichsten und mächtigsten Männer überhaupt! Und dann den Kardinal! Ist das eine Steigerung? Ich meine, auch eine Steigerung, wenn man die beiden nebeneinander stellen würde? Was könnte da nach oben noch kommen – *in dieser Stadt*? Oder geht es diesmal nach unten? Wen werde ich finden? Morgen werde ich es wissen. Hoffe ich. Und dann endlich frei sein. Hoffentlich.

14

Ich bin völlig zerschlagen.

Es macht keinen Spaß mehr. Es macht einfach keinen Spaß mehr. In mir ist ein großer, großer Widerwille überhaupt noch etwas zu unternehmen. Jeder Gedanke keucht vor Schwäche. Ich hatte mir den Wecker auf 7.27 Uhr gestellt. Wissen Sie, wann ich mich endlich überwinden konnte aufzustehen? 10.08 Uhr! Dazwischen habe ich nicht etwa geschlafen. Ich habe mit mir gerungen, ob ich nun aufstehen soll oder besser nicht. Es schien keinen Sinn zu machen, heute überhaupt aufzustehen, überhaupt jemals wieder aufzustehen. Darüber war ich dann so verzweifelt, dass ich dachte, es wäre am besten, gar nichts mehr zu denken, zu hören und zu sehen. Am besten geht das im Bett. Also blieb ich liegen. Doch kaum hatte ich mich der Schwäche hingegeben, machte mir mein Gewissen wieder zu schaffen. Ich wusste ja, dass ich noch etwas zu erledigen habe. Ich wusste, ich muss da runter zum Briefkasten, wo mich mein Schicksal erwartet. Ach, warum passiert mir das alles! Es war doch so schön friedlich bisher. Na gut, schön

war es nicht. Aber friedlich. So ein Aufruhr! Ich kapiere ja
nicht einmal *ansatzweise*, worum es hier eigentlich geht. Und
es ärgert mich direkt ein bisschen, dass ich es nicht weiß.
Man sollte es mich wenigstens wissen lassen. Ein bisschen
Information wäre einfach fair. Aber was ist denn schon fair.
Und genau deshalb wollte ich mit dem ganzen Zeug nichts
mehr zu tun haben. Und jetzt zieht mich jemand wieder rein.
Fragt mich nicht einmal! Das ärgert mich! Jawohl! Wer bin
ich denn, dass man mich nicht fragen muss?
Ich bin aufgekratzt, wie Sie merken. Es ärgert mich, dass ich
nicht aussteigen kann. Ach, was soll's. Ärgern tut es mich
eigentlich fast gar nicht. Ich fand es ja sogar interessant. Es
war ja mal eine spannende Abwechslung. Viel schlimmer ist,
dass es mich so auslaugt. So eine Traurigkeit, so eine unbe-
schreibliche Freudlosigkeit ist über mein Leben hereingebro-
chen. Jede kleine Handlung ist so anstrengend – seit heute
Morgen extrem! – wie ein 1500-Meter-Leistungsschwimmen.
Ich komme nur vom Fleck, wenn ich mich für jeden Schritt
neu überwinde. Wenn ich mir jeden einzelnen Schritt aus
dem Fleisch herausschneide. Das *kostet* mich was! Ich hätte
gern etwas mehr Wertschätzung für das, was ich hier tue! Jawohl! Wenn ich zwei Schritte sehe, ist es schon aus. Dann bin
ich gleich so entmutigt, dass ich gar keinen gehe. Ich treffe
jetzt mal eine Entscheidung: Ich hole mir jetzt die Zeitung.
Es ist ja auch schon reichlich spät.

15

Oh – ... Nein – ... Nein! Das kann nicht sein! Das – ... ist ja
... GottimHimmeldaskanndochnicht*wahr*sein! Das ist ja – ...
grausam!

Sie ist es!

Ach, ist das ein Elend! Ach, tut mir das Leid! Das tut mir ja so
Leid! Da würde doch sogar ich ... Nein rührt einem das das
Herz an! Da kommen einem doch gleich die Tränen! Schrecklich! So ein Elend, so ein Elend! Diese Tiere! Was sind das nur
für verdorbene, schlechte, böse Menschen! Sie haben sie tatsächlich umgebracht! Ganz groß, hier, die Schlagzeile: Madonna Catz ermordet! Und hier, das Bild – oh nein, was sind
das nur für Menschen! Weiter – ach, tut mir das Leid! – hier
schreiben sie: Wie erst heute bekannt wurde, wurde Madonna Catz am Sonntagabend auf dem Nachhauseweg von einer
Sitzung auf offener Straße erschlagen. – Mein Gott! – Leonard Catz äußerte gestern, er werde in der Zeit des ersten
Schmerzes nicht für Interviews zur Verfügung stehen. Aus-
führliche Berichte auf Seite 3, Kommentar und Lokalpanora-
ma, Titel und Innenseite. – Sonntagabend?
Das muss nach der Gartenparty gewesen sein! Dann war ich
einer der Letzten, der sie noch lebend gesehen hat. Auf dem
Nachhauseweg von einer Sitzung, schreiben die hier. Ob sie
hinterher noch wo anders war? So ein Unglück! So eine gute
Frau! Und ich durfte sie kennen lernen! Wenige Stunden vorher
durfte ich sie noch kennen lernen. Ich hatte sie so gern! Ach,
wenn ich ihr doch mehr geglaubt hätte! Wenn es mich doch
mehr gekümmert hätte! Sie wusste es ja. Aber dass es so bald
geschehen würde! So ein Elend! So eine Sinnlosigkeit! Was
schreiben die denn noch? Hier ... oh, die Bilder! Genau, genau so war sie! Sie war wirklich eine herrliche Person! Und
hier! Wieso bilden die das ab! So eine Schande! Die arme Frau!
So eine riesige Blutlache. Da müssen sie ja ganz schnell gewesen sein. Woher konnten denn die das so schnell wissen! Hier
steht:
Unter der ...-Brücke kam es zu dem Verbrechen. Passanten,
die zufällig in der Nähe waren, beobachteten die Tat aus eini-
ger Distanz, konnten jedoch nicht mehr rechtzeitig zur Hilfe

eilen. Ihren Angaben zufolge handelt es sich dabei um zwei männliche Täter, die sie allerdings aufgrund der Entfernung nicht identifizieren konnten. Die Mörder hatten es offenbar auf Wertsachen abgesehen. Eine versuchte Vergewaltigung kann nach ersten Untersuchungen ausgeschlossen werden. Weiterhin hätten die Passanten beobachtet, dass es zu einem Handgemenge gekommen sei, bei dem Madonna Catz sich heftig gewehrt und um Hilfe geschrieen haben soll. Dies hätte die eigentliche Aufmerksamkeit der Fußgänger geweckt. Einer der beiden Täter schlug daraufhin die Frau mit mehreren gezielten Hieben nieder. Beide Täter flohen anschließend zu Fuß über das Industriegelände. Sie waren mit Jeans und Turnschuhen bekleidet, durchschnittlich groß und „wahrscheinlich eher jung". Der von den Passanten herbeigerufene Rettungswagen brachte Madonna Catz in das ...-Hospital, wo die Schwerverletzte das Bewusstsein nicht mehr wiedererlangte und nach zwei Stunden ihren schweren Hirnblutungen erlag. Der Toten war sämtlicher Schmuck sowie ihre Handtasche entwendet worden. Ein Mordinstrument ist bisher nicht identifiziert.

Die Vermutungen gehen aber dahin, dass ein harter Gegenstand benutzt wurde, da die Schädeldecke „Deformierungen" aufwies, die „nicht mit bloßen Händen zu bewerkstelligen sind", so der Sprecher der ermittelnden Polizeibehörde am gestrigen Nachmittag. Es könnte sich dabei, falls die Tat spontan geschehen sei, zum Beispiel um ein Mobiltelefon handeln. Die Polizei möchte nun eventuelle Folgen überprüfen. – Das ist alles so reißerisch! Die arme Frau! Als wäre sie selber schuld! – *Warum Madonna Catz an diesem Sonntagabend den Weg zu Fuß über die Industrie-Tangente wählte, ist noch nicht endgültig geklärt. Fest steht, dass wohl eine Reihe unglücklicher Umstände zusammentrafen. Nach gelungener Einführung ihres neuen, erweiterten Hilfswerkes, trafen sich „Liberi in sole"-Angestellte mit mehreren Notaren und freien wissenschaftlichen Mitarbeitern in der Vereinszentrale am ...platz,* um in kleiner Runde zu feiern und die Protokollierung abzuschließen. *Fest steht wohl auch, dass Madonna Catz ein Taxi rufen ließ. Dies soll, so ein Mitglied des Vereins, beim ersten Anruf „nicht geklappt" haben, worauf Madonna Catz kurz entschlossen ankündigte, dann werde sie zu Fuß gehen, die Abendluft sei heute „so einladend". Einen zweiten Versuch ein Taxi zu rufen, lehnte sie angeblich ab. Als sie ging, soll sie einen sehr fröhlichen Eindruck hinterlassen haben.*

Rätselhaft ist, weshalb sie nicht den kürzesten Weg nahm, sondern den am Industriegebiet entlang. Lag es an ihrer guten Laune? Was bis zu dem Verbrechen geschah, lässt sich, so die Polizei, noch nicht eindeutig rekonstruieren.

Hat Madonna Catz ihre Mörder schon vorher getroffen? Kannte sie sie vielleicht und vermutete deshalb nichts Böses? Oder hatte sie gar ein Treffen mit ihnen arrangiert und wählte aus diesem Grund den Fußweg durch den eher unbelebten Stadtteil?

Die Beisetzung wird am Donnerstag, 15 Uhr, auf dem Sankt-...-Friedhof sein. – Ich komme zu dir! – *Da man mit großer Anteilnahme in der Bevölkerung rechnet, verzichten die Angehörigen auf ein Begräbnis im Familienkreise. Die Trauerfeier beginnt eine Stunde vorher in der ...-Kathedrale.* – Er legt falsche Spuren! Ich weiß doch, wer dahinter steckt! Das ist doch alles nur Augenwischerei hier! So ein Hundesohn! Wer weiß, was davon überhaupt stimmt! Passanten! Dass ich nicht lache! Vielleicht gehören die alle zu seiner Mannschaft! Sie hat ja gesagt, ich soll kein Wort glauben! Ach, du armes Mädchen ... Tust mir so Leid... Ich weiß gar nicht, was ich sagen soll. Mir fallen keine Worte ein!

Hier, der Kommentar. Befasst sich allem Anschein nach hauptsächlich mit „Liberi in sole". Ja ja ... noch zu groß ist die Wunde ... wie und ob es weiterexistieren ... eine Lücke, die schwer zu füllen ... hätte sich sicher gewünscht, auch nach ihrem Tod ... ihr Lebenswerk ... ja ja, da steht auch nichts mehr. Oh Silvia ... Bist du wirklich tot? Wenn ich ein Komponist wäre, würde ich dir ein wunderschönes Stück schreiben. Aber ich werde wenigstens etwas Schwarzes anziehen. Das ist das Geringste, was ich tun kann. Ich bin so traurig. Wann sind mir das letzte Mal die Tränen in die Augen gestiegen? Ich weiß es nicht. Vielleicht damals, als ich die Jungs mit dem Fahrrad suchte. Oh, ist das lange her. Tja ... Ich muss erstmal noch einen starken Kaffee machen.

16

Ich muss jetzt Fassung bewahren. Lass dich davon nicht runterziehen. Dir geht es selber miserabel! Nicht mehr lange muss ich durchhalten. Dann ist alles vorbei. Doch noch liegt das Ende der Aufgabe vor mir. *Das* gilt jetzt, und nichts anderes. Das mit ihr war nämlich nicht das Erste, was mir in Auge gefallen ist, als ich die Zeitung holte. Obwohl es auf dem Titel stand. Da ist noch etwas anderes. Das erscheint mir aber so unsinnig, dass ich mich frage, ob ich mich nicht vielleicht täusche. Leider ist es nun einmal die Abmachung, dass ich das *Erste* nehmen soll, und nicht das Aufwühlendste. Das Erste, was mir vorhin ins Auge fiel, war eine Werbebroschüre, die in der Zeitung steckte und herausrutschte, als ich den Briefkasten öffnete. Die Werbebroschüre kommt von Geschäften in der Stadt und ist der Zeitung jeden Dienstag beigelegt. Jetzt ist natürlich für mich nicht ganz klar, ob die Werbebroschüre auch direkt als Teil der Zeitung zu sehen ist. Wie soll ich denn die einsamste Person finden, wenn das Erste, was ich sehe, eine Parfümwerbung ist? Aber es heißt ja – ist Ihnen das schon mal aufgefallen? – immer „Person". Es hieß noch nie „Mensch". Eine Person muss ja vielleicht nicht zwangsläufig ein Mensch sein, oder? Vielleicht gibt es ja Menschen, die gar keine mehr sind. Die muss man dann vielleicht als Personen bezeichnen. So was Ähnliches gibt es zum Beispiel im Rechtssystem – hab ich erst letzte Woche gelesen. Da werden ganze Firmen als Personen betrachtet. Oder man hört auf ein Mensch zu sein, wenn man einsam ist und muss deshalb als Person bezeichnet werden. Na, das ist mir ja eine rechte Gedankenspielerei! Jetzt ist nicht der Zeitpunkt dafür. Jetzt, wo ... Armes Mädchen ... Nun bist du auch alleine. Oder nicht? Wer weiß schon, wie's dort ist. Ich jedenfalls nicht und ich will's auch gar nicht wissen.

Ich muss „Patchouly" finden. So heißt das Parfüm, das auf der ersten Seite ganz groß abgebildet ist. Dreizehnneunundneunzig für so ein kleines, nichts sagendes Fläschchen. Ganz schön hoher Preis, den man dafür zu zahlen hat.

17

Die Sinnlosigkeit ist nicht mehr zu ertragen.

Es ist wirklich alles eine einzige Sinnlosigkeit. Was ich auch sehe – es wird immer sinnloser. Früher war alles ... ach, früher! Was ist heute für ein Tag? Mittwoch glaube ich. Gestern war Dienstag? Nein, Vorgestern. Nein, doch gestern – muss es ja, wenn heute Mittwoch ist.

Gestern habe ich erfahren, dass sie Madonna Catz umgebracht haben? Das kommt mir schon wieder vor, wie eine halbe Ewigkeit her. Am Sonntag habe ich sie getroffen. Daran kann ich mich schon gar nicht mehr erinnern. Ich weiß noch, dass schönes Wetter war. Und dass ich mich erst nicht traute ein Stück Kuchen zu essen.

Was ich in der Zwischenzeit erlebt habe, übersteigt sogar jetzt immer noch mein Vorstellungsvermögen. Obwohl ich mich schon wieder einigermaßen beruhigt habe. Aber ich denke ernsthaft daran, mir das Leben zu nehmen. Es mach einfach keinen Sinn mehr. Wenn das, was ich gesehen habe, die Wahrheit ist, dann macht es keinen Sinn mehr.

Soll ich das jetzt alles noch einmal erzählen? Oh, bewahre mich davor. Ich will nicht. Aber Ihr müsst es ja wissen. Ach Gott ...

Ich bin also in die Parfümerie von der Werbebroschüre gegangen und habe nach „Patchouly" gefragt. Sie hat es mir gezeigt. Komische Frau. Hat kein Wort gesagt und ganz blasse Augen gehabt. Sah richtig unwirklich aus. So, als ob man durchkucken könnte. Und dahinter nur Gelee, Froschlaich, kalter Schleim – ja ehrlich, so sah sie aus. Kann ich doch nichts dafür. Ich dachte mir, was mache ich jetzt mit dem Parfüm. Soll ich es kaufen? Nee. Oder doch? Wer weiß, was die Lösung ist. Vielleicht soll ich es ja kaufen. Wegschmeißen kann ich es immer noch. Also kaufte ich es.

Draußen roch ich mal an dem Zerstäuber. Meine Güte, wer nimmt denn so was als Parfüm, habe ich gedacht. Es roch wirklich – also, Entschuldigung, vielleicht gibt es ja wirklich Menschen, denen dieser Duft gefällt – aber ich gehöre eindeutig nicht dazu. Es roch nach einer Mischung aus Kernseife und kaltem Schweiß, so würde ich es mal beschreiben. Wenn ich das vorher gewusst hätte, hätte ich es garantiert nicht gekauft. Es war mir aber auch zu schade, das Parfüm jetzt wegzuschmeißen. Das würde ja bedeuten, ich würde Dreizehnneunundneunzig wegschmeißen. Eigentlich hätte ich es mir sowieso nicht leisten können. Ist ja immerhin viel Geld für mich. Und so fett habe ich es auch nicht.

Aber um es wegzuschmeißen, war es mir dann trotzdem zu schade. Riecht zwar beschissen, habe ich gedacht, aber jetzt behalt ich's halt erstmal. Man muss halt immer überlegen, was einem wichtiger ist: die Sache beenden oder nicht? Natürlich beenden. Und zwar so schnell wie möglich! Und wenn ich dazu ein stinkendes Parfüm in der Tasche haben muss, das ich eigentlich überhaupt nicht brauche – meinetwegen.

Dann ging es Schlag auf Schlag. Ich stand immer noch vor der Parfümerie und hatte gerade aufgehört zu denken. Das heißt, ich wollte gerade wieder anfangen zu denken. Ich wusste sogar schon den Gedanken, den ich gleich sofort als nächstes denken würde („Und jetzt?"). Aber dazu kam es gar nicht. Denn just in dem Moment nahm ich einen seltsamen Geruch wahr – eine Mischung aus Kernseife und kaltem Schweiß. Nur wo kam er her? Ständig gingen irgendwelche Menschen an mir vorüber. Sollte ich etwa zu jedem sagen: Entschuldigen Sie, darf ich mal an Ihnen riechen? Benutzen Sie „Patchouly"? Ja? Haben Sie letzte Nacht einen Traum gehabt? Ja? Und wie ging er? Plötzlich erschien mir die ganze Sache lächerlich und todernst zugleich. Vielleicht machte das auch nur mein Zustand. Ich fragte mich, ob ich etwa krank werde oder schon krank bin. Ob ich Fieber habe. Ob es mir was vormacht. Ob das Parfüm in Wirklichkeit ganz anders riecht. Ob meine Nase Gerüche vielleicht nur noch verzerrt wahrnimmt. Ob ich langsam verrückt werde ... Ja wirklich, ich machte mir ernsthafte Sorgen, ob es mit meinem Verstand langsam abwärts geht. Ob die Krankheit vielleicht schon weiter fortgeschritten ist, als ich es bemerkt habe. Mir wurde heiß und kalt vor Angst. Und dann wurde mir kribbelig, weil es schon wieder nach Kernseife und kaltem Schweiß roch. Wieder waren Menschen vorbeigegangen. Darunter zwei Teenie-Mädchen. Mir war, als wäre der Geruch von ihnen gekommen. Ich ging ihnen hinterher. Irgendwie kam ich mir lausig vor. Außerdem meldete sich mein Bauch. Ich hatte ja noch nichts zu Mittag gegessen. Ausgerechnet jetzt. Die Mädchen gingen geradewegs auf den großen Springbrunnen zu und setzten sich auf den Rand. Ich war mir noch nicht ganz sicher, ob der Geruch wirklich von ihnen gekommen war. Deshalb setzte ich mich neben sie.

Sie waren es. Na gut, dachte ich. Teenager fühlen sich in der Pubertät ja wirklich manchmal sehr einsam. Oh ja, oh ja, schrecklich einsam kann man da sein ... Die zwei machten auch nicht gerade einen sehr glücklichen Eindruck. Sie sahen irgendwie aggressiv aus und gleichzeitig ziemlich düster. Gar nicht wie lebensfrohe junge Mädchen. Ehrlich gesagt erkannte ich nur an ihren Figuren, dass sie weiblich waren.

Aber es kam kein Blitzstrahl vom Himmel und es machte auch nirgends Peng! Weder in der Umgebung, noch in meinem Innenleben. Wenn sie es waren, dann hatte ich meine Aufgabe erfüllt und irgendetwas müsste geschehen. Es müsste etwas geschehen, denn dieses Ende war selbst mir zu billig. Es war zu einfach. Es wäre wie eine verpuffte Pointe gewesen – erst die große Spannung und dann kommt nichts. Das wäre unfair. Das wäre geradezu niederträchtig und gemein jemandem so die Zeit zu stehlen. Das wäre schon fast sadistisch, wenn sich da jetzt jemand wegen meiner Überraschung halb totlacht. So auf die Art, ooh, nur zwei Mädchen. Da kuckst du jetzt aber ziemlich blöd, stimmt's? Nein nein, so einfach sollte die Geschichte nun auch wieder nicht aufhören! Ich werde den Zweien folgen, bis etwas passiert, dachte ich. Und natürlich passierte noch etwas. Ach etwas – ich muss verrückt sein, das „etwas" zu nennen!

Wenn es doch nie passiert wäre! Ich würde alles dafür geben, wenn ich noch einmal neben den zwei Mädchen auf dem Springbrunnen sitzen könnte und *nicht* weitergegangen wäre! Aber ich bin ja weitergegangen. Selber dumm. Ich bin mir noch nie so dumm vorgekommen, wie in den letzten Tagen. Allerdings war das heute, oder vielmehr gestern, mit Abstand der Gipfel.

Die Mädchen unterhielten sich über das, was sie am Abend machen wollten. Ich habe, ehrlich gesagt, kaum ein Wort davon verstanden. Die haben eine Sprache – ich fragte mich ernsthaft, ob das etwas Codiertes war oder ob man eben heute so redet. Ich bin doch auch erst siebenundzwanzig. Aber anscheinend habe ich in den letzten sieben Jahren einiges verpasst ...

Sie gingen jedenfalls irgendwann weiter und ich ihnen hinterher. Wir liefen durch eine Gasse – auf der einen Seite eine Kneipe an der anderen, auf der anderen Seite Plakate und Werbung. Ich glaube, bei Tag bin ich da noch nie lang gelaufen. Das war eine Gasse, die keine Straßenbeleuchtung hat. Dort durchzulaufen fand ich immer sehr kitzlig. Leider hat es den Nachteil, dass man nicht besonders viel von seiner Umgebung sieht. Gestern also ging ich zum ersten Mal bei Tag durch die Gasse und spannte meine Augen auf, weil die Schaufenster und die vielen bunten Plakate meine Augen förmlich magnetisierten. Vor mir die Mädchen. Links Kneipenfenster. Rechts Plakate. Und da sah ich etwas. Ein Poster. Es war schon halb abgefetzt – das heißt, es war schon noch ganz, aber es klebte fast nicht mehr an der Holzwand (die übrigens ein Bretterschutz war; dahinter wurde gebaut). Das Plakat klappte ganz langsam hin und her, als ob es mir zuwinken wollte. Es war grün mit einem verschnörkelten schwarzen Symbol, das aussah wie ein Irrgarten, der aus Rosenstielen gebogen war. Beunruhigend, dass beide Mädchen genau dieses Symbol auf ihren T-Shirts hatten (ich hatte mir ja ihre Brust angesehen, um herauszufinden, ob sie Jungs oder Mädchen waren). Nur eben weiß auf schwarzem Hintergrund. Das gab mir schon den ersten Stich. Hier passte wieder etwas auf einer sehr hohen Ebene zusammen.

Mit einem Mal überkam mich eine äußerst dominante Vorsicht. Ich weiß nicht warum, aber es war so. Die Mädchen ließ ich gehen. Das Plakat hatte auch einen Rand aus schwarzen Rosenstielen. Unten am Plakat standen drei verschnörkelte Zeilen mit Hinweisen. He, die waren so klein gedruckt! Viel zu klein für ein Plakat! Auf dem Plakat daneben, das eine schöne bunte Anzeige für die Großgärtnerei war, konnte man alles lesen. Aber bei diesem musste ich richtig nahe rangehen, dass ich es lesen konnte.

Das erweckte natürlich meinen Verdacht. Hier war ein Plakat für Insider, welche, die nur wegen dem Symbol stehen bleiben. Weil lesen kann man im Vorbeigehen nichts. Die Schrift unten sah aus, wie der restliche Rand. Wenn man nicht genau hinsah, hätte man die Schrift für ganz normale Rosenstiele halten können. Ich hatte ja nur deshalb genau hingesehen, weil ich das Symbol bei den Mädchen gesehen hatte – sonst wäre ich auch vorbeigegangen. Jedenfalls sah alles so verschnörkelt und gut versteckt aus, dass ich erstens – genau wie in der Zeitung, wenn etwas gar nicht oder zu gut zusammenpasst – sofort wieder voll dabei war und zweitens eingestehen musste, dass hier ein wahrer Meister am Werk gewesen war. Die verschlungenen und gewundenen Rosenstiele hatten durchaus etwas Anziehendes. Sie sahen fast so ähnlich aus, wie die Dornenkrone von Jesus Christus. Aber nur fast. Eigentlich schon ganz anders. Anscheinend richtete sich das an irgendwelche Leute, die zu etwas gehörten, dass sich „Liberi arcus atri" nannte. Ich denke, das ist Latein. Leider kann ich kein Latein. Außerdem fand ich es seltsam, dass hier schon wieder irgendwelche *Liberi* im Spiel waren. Hört denn das niemals auf? Was ist bloß in dieser Stadt los! Ich verstand nichts. Noch nichts. Ach, glücklich war ich, als ich noch nichts verstand. Diese Vereinigung, so stand auf dem Plakat, schien eine Veranstaltung zu haben. Immer ab 22 Uhr abends. Die ganze Woche – vom letzten Sonntag bis zum kommenden. Die Veranstaltung sollte im Alten Auditorium stattfinden. Das war bis zur Renaissance mal eine Versammlungshalle, in der die Obersten ihren Untergebenen wichtige Dinge mitteilten, zum Beispiel Bekanntmachungen oder Heeresansprachen hielten oder es sollen auch Lehrveranstaltungen und Feiern stattgefunden haben. Nach dem Dreißigjährigen Krieg ist es aber nie mehr benutzt worden. Ich selber war noch nicht dort, aber ich weiß natürlich aus der Zeitung, dass das Alte Auditorium eine der ersten Sehenswürdigkeiten dieser Stadt ist. Oder besser sein könnte, wenn sich die Stadt etwas mehr um seine Instandhaltung kümmern würde. Leider soll es sich in einem Zustand befinden, dass man es keinem Touristen anbieten kann. Innen soll es fast wie eine Kirche aussehen – mit Säulen, Bänken und Gängen. Der Unterschied ist, dass es komplett aus Stein gebaut ist.

Wie kann darin jemand eine einwöchige Veranstaltung abhalten? Keine Heizung, kein elektrischer Strom, keine WCs. Da erkannte ich, dass ich eigentlich schon längst wusste, was ich tun würde – ohne dass ich es mir bewusst gemacht hatte. Heute Abend, 22 Uhr, musste ich zum Alten Auditorium. Ich überlegte mir, ob ich noch einmal in meine Wohnung gehe. Mein Bauch knurrte. Ich hatte noch nichts gegessen – es war immerhin schon kurz vor drei. Ich entschied mich das nicht zu tun, sondern so lange in der Stadt zu bleiben und mich ganz langsam Richtung Altes Auditorium aufzumachen. Ich musste ja zu Fuß gehen, weil ich mein letztes Geld für das Parfüm ausgegeben hatte. Und das Alte Auditorium war am ganz anderen Ende der Stadt. Und die Stadt ist sehr groß. Wenn ich erst noch einmal heimgehe, dachte ich, dann ist es ja noch viel weiter. Ich schätze, bis zum Alten Auditorium sind es vom Stadtkern aus gut zehn Kilometer. Und von meiner Wohnung noch mal drei mehr. Ich meine, das stört mich nicht; ich bin das Laufen durch meine nächtlichen Spaziergänge ja gewöhnt. Aber es musste ja nicht unnötig sein. Immerhin musste ich ja auch wieder zurücklaufen. Das waren so meine Gedanken.

Ich spazierte also langsam Richtung Südosten, in der Hoffnung irgendwo etwas zu essen aufzutreiben, vielleicht einen Apfel oder so. Ich ärgerte mich über mich selbst, dass ich heute Mittag in meiner Verwirrung ohne einen Bissen und ohne einen Schluck losgestürzt war. Der Durst machte sich auch langsam bemerkbar. Ich weiß auch nicht mehr – ich ging ganz gemütlich spazieren, erst durch die Innenstadt, was mir übrigens sehr fremdartig vorkam, dann durch den Magnolienpark und schlenderte zuletzt durch die Gartenanlagen in den Außenbezirken. Irgendwo habe ich mich wohl auch einmal hingesetzt, Kindern beim Spielen zugesehen (das war schön!) und ein bisschen gedöst; wo und wie lange weiß ich aber nicht mehr.

Es ist alles verschwommen und lässt sich zusammenfassen mit den Worten „der Weg zum Auditorium". Das waren vielleicht die letzten glücklichen Stunden meines Lebens. Ich habe mich zwar dabei nicht glücklich gefühlt. Doch im Vergleich zu später kommt es mir geradezu himmlisch vor. Ich weiß noch, dass ich mich über den Frühling freute und dass endlich alles zu blühen anfängt. Ich weiß aber auch, dass ich, je näher ich dem Alten Auditorium kam, eine immer größere Last spürte. Mir war schlecht im Bauch und bald dachte ich, das kommt vom Hunger, bald, das kommt von etwas anderem ... Ich ging sehr langsam. Ich trödelte geradezu. Ich denke, für die zehn Kilometer brauchte ich gut vier Stunden.

Es war Abend, als ich das Auditorium zum ersten Mal aus der Ferne sah. Außen herum gibt es eine weitläufige Parkanlage mit alten Bäumen, Wegen und Bänken. Ich setzte mich auf eine Bank und wartete einfach. Das Warten machte mir überhaupt nichts aus. Von mir aus – von meinem inzwischen ziemlich großen Hunger und Durst einmal abgesehen – hätte ich tagelang warten können. Ich wollte eigentlich gar nicht, dass es losgeht – was auch immer losgehen würde. Aber die Sonne ging unter, es wurde kühl und die Zeit rückte heran. Menschen waren die ganze Zeit im Park gewesen. Aber nun kamen die ersten, die zum Auditorium gingen. Es waren viele Jugendliche dabei. Sie kamen paarweise, zu dritt, allein ... Es wurden immer mehr. Als ob irgendjemand irgendwo ein Loch aufgemacht hatte. Die meisten kamen an meiner Bank vorbei, weil das der Weg aus der Stadt war. Sie hatten alle ungewöhnliche Kleidung an. Viele trugen schwere Ledermäntel und silberne Ketten. Und oft bimmelten bei ihren Schritten kleine Glöckchen, die sie irgendwo an ihren Füßen haben mussten. Was mir aber vor allem auffiel, war ein ganz bestimmter ekelhafter Geruch: Kernseife und kalter Schweiß.

Die Vorsicht, die mich schon einmal in der Stadt ergriffen hatte, war jetzt wieder da. Aber nun ganz anders: jetzt war sie ganz da. Nachmittags in der Stadt hatte sie mir nur schnell ihre Visitenkarte gegeben und war dann gleich wieder verschwunden. Und nur die Visitenkarte hatte die ganze Zeit leicht in meiner Brusttasche gebrannt. Jetzt aber stand diese Vorsicht mir zu Seite, direkt neben mir, als wollte sie mir sagen: He, Partner, ich bin jetzt da. Es kann losgehen.

Es ging los. Alle meine Sinne waren hellwach und aufs Äußerste geschärft. Ich dachte gar nicht mehr so sehr nach, sondern schloss mich einfach den Fußgängern, die zum Alten Auditorium gingen, an. Ich versuchte möglichst unauffällig zu gehen und steckte meine Hände in die Jackentaschen. Dort spürte ich ein kleines Fläschchen. Hatte ich es dafür gekauft? Um mich hier einzudieseln? Die Vorsicht riet mir, dass es eventuell gut sein könnte, wenn ich es tue. Ich tat es, obwohl ich fast kotzen musste. So ein penetranter Geruch!

Der Eingang war mit zwei Fackeln beleuchtet. Eine Art Security – zwei Männer, die für meinen Geschmack nicht eine Spur Sympathisches mehr an sich hatten – stand unter den Fackeln und musterte jeden Ankömmling schon von weitem ganz genau. Dann taten sie etwas, was mich im ersten Moment sehr erschreckte, ja anwiderte: Jeder, der das Tor passieren wollte, musste stehen bleiben und sich von einem der Torwächter einen Kuss geben lassen. Mir fiel auf, dass ich mich rein äußerlich gar nicht so sehr von allen unterschied, da ich wegen Madonna Catz' Ermordung komplett schwarz trug – meine schwarze Lederjacke, schwarze Jeans, schwarzes T-Shirt; sogar meine Schuhe waren schwarz. Das Einzige war, ich hatte keinen auffälligen Silberschmuck.

Als ich an der Reihe war, versuchte ich den Securities nicht in die Augen zu sehen. Mir graute vor dem Kuss und überhaupt. Ich erstarrte, als sich der eine zu mir heranbeugte. Doch anstatt mich abzulecken, wie ich es fast erwartet hatte, schnüffelte er äußerst geräuschvoll an mir herum – wie ein Trüffelschwein oder ein Fährtenhund. Seine Nase berührte mich richtig im Gesicht, was mir einen Schauer über den ganzen Körper jagte. Meine Knie wackelten. Dann sagte er: „Hou!" und mir ging die ganze Bedeutung auf. Ich war froh wie selten, dass ich so ein *gut riechendes* Parfüm gekauft hatte. Es war anscheinend der Zugangscode gewesen. Ich betrat das Alte Auditorium.

Das erste, was ich wahrnahm, war ein viehischer, erdrückender Geruch, der die Luft in etwas Statisches verwandelte. Es roch, abgesehen von einem ätzenden Uringestank, süßlich-kalt-beißend nach fauler Erde – nein, anders! – jetzt hab ich es: nach Verwesung. Nur ein einziges Mal in meinem Leben war ich diesem Geruch bisher ausgesetzt gewesen. Ich hatte es längst vergessen. Aber jetzt war alles wieder da. Die ganze Zeremonie. Es war in der Leichenhalle zur Beerdigung meiner Mutter gewesen. Sie ist in einem heißen Sommer gestorben. Das Kühlsystem der Leichenhalle hatte nicht richtig funktioniert, weshalb man die Beerdigung schon um einen Tag hatte vorziehen müssen. Trotzdem stank es bestialisch. Die Friedhofsarbeiter hatten versucht das Problem mit Raumspray zu übertünchen. Natürlich habe ich es trotzdem gerochen. Die Luft war so schlecht, dass die Fliegen aus der Luft tot zu Boden fielen. Ich hatte das damals voller Faszination beobachtet. Und jetzt war der gleiche Geruch wieder da. Ich wusste auch, wo er herkam: es war die Überlagerung unendlich vieler, unendlich fein zerstäubter „Patchouly"-Tröpfchen auf Haut und Kleidern – die Addition vieler, vieler Menschen, die nach Kernseife und kaltem Schweiß rochen. Und ich war einer davon. Aber ich war nicht einer von *ihnen*. Das schlug mir überall entgegen. Sie merkten es jedoch nicht.

Die Innenhalle hatte wirklich etwas Kirchenschiffähnliches. Sie ist ungefähr sechzig bis siebzig Meter lang, würde ich jetzt mal schätzen, davon fünfzig Meter die Bankreihen (weil es neunundvierzig Reihen waren – ich habe mal gezählt), ungefähr vierzig Meter breit und hatte eine ganz schöne Höhe. Aber nicht so superhoch, wie eine Kirche. Das Alte Auditorium hat auch eher ein flaches Kuppeldach. So genau habe ich mir das aber gar nicht angesehen. Außerdem kann man sich auch leicht verschätzen im Nachhinein. Die meisten Bänke waren schon besetzt und die Leute, die jetzt mit mir hereinkamen es waren eher die letzten, denn die Uhr zeigte schon Viertel nach Zehn – die stellten sich in die seitlichen Säulengänge. Ich blieb fast ganz hinten stehen.

Der Mittelgang musste frei bleiben. Insgesamt waren bestimmt zweitausend Leute gekommen. Die Luft war auch deswegen so schlecht, weil die ganze Beleuchtung nur aus Fackeln und Kerzen bestand. An jeder Säule brannte eine Fackel. Vier mal vierzehn Säulen – macht sechsundfünfzig Fackeln. Kerzen standen in den Fensternischen, auf den Seitenenden der Steinbänke und natürlich vorn auf der Bühne. Bühne ist vielleicht kein so guter Ausdruck. Es hatte schon Ähnlichkeit mit einem Altarraum. Aber es gab dort auch einen halbrunden Tisch mit Stühlen, auf denen welche saßen, die ins Publikum schauten, es sozusagen erwarteten. Der bogenförmige Tisch umrahmte einen kleinen Brunnen aus Stein. Alles war aus Stein. Habe ich schon mal erzählt, glaube ich. Es gab nur zwei Materialien, die nicht menschlich waren: Stein und Wachs. Ich fragte mich, weshalb es *in* einem Gebäude einen Brunnen gibt. Noch dazu einen, aus dem gar nichts herauskommt. Vielleicht war es gar kein Brunnen, sondern ein ...

Bevor ich weiter darüber nachdenken konnte, gab es ein dumpfes *Wumm!*, das mir sagte, dass sie jetzt die große Eingangstür zugemacht hatten. Ich war also drin. Hoffentlich muss ich nicht gleich wieder raus hier, dachte ich, denn das könnte ein

Problem werden. Wenn ich an die unsympathische Bluthund-Security denke ...

Die Luft, mein Hunger, der Durst, die Anspannung – das war eine Mixtur, die ich wirklich niemandem wünsche. Ich fühlte mich mit einem Mal wahnsinnig erschöpft. Aber ich blieb lieber stehen. Irgendetwas in mir *(die Vorsicht)*, nämlich meine Abneigung mich neben eines von diesen Geschöpfen hinzusetzen, war noch stärker als meine Erschöpfung und hielt mich auf den Beinen. Ich lehnte mich an eine Säule ganz hinten im rechten Fenstergang. Vorne stand einer auf und – wirklich, so war es! – kreischte mit einer ganz hohen Stimme völlig aus dem Nichts irgendwelche sinnlosen Worte. Was soll denn das jetzt wieder, dachte ich. Aber eine kalte Hand hatte mir ans Herz gegriffen. Das war kein Spaß. Ich fühlte es.

Wenn sie doch wenigstens eine ordentliche Eröffnung gemacht hätten. Aber dieses tierische Gekreische! Wieder schrie der in der Mitte wie ein Irrer und diesmal verstand ich seine Worte. Es waren schmutzige Flüche, derartig obszön, dass mir richtig übel wurde. Dann kreischte er: „Lasst uns ihn rufen! Lasst uns ihn rufen! Fürst dieser Stadt, süßer Meister! Fürst dieser Stadt, süßer Meister!"

Und dann bin ich fast zusammengesunken – die ganzen Massen kreischten wie der von da vorn: Fürst dieser Stadt, süßer Meister! Mir taten die Ohren weh, aber ich konnte sie mir ja nicht zuhalten! Es war ein Toben, ein Donnern, ein Tosen – wie Meerestosen bei einem Sturm. Sind Sie schon einmal auf See in einen Sturm gekommen? Ich schon! So klang das. Wie ein Radio, aus dem nur Rauschen kommt. Und dieses Rauschen ist dann so laut verstärkt, dass einem fast das Trommelfell platzt. Mein Kopf dröhnte, das Gekreische widerhallte in mir – ich weiß nicht mehr, ob ich die ganze Zeit bei klarem Verstand war; ich denke nicht. Minutenlang ging das so. Vielleicht auch nur eine Minute und mir kam es nur so lange vor. Ich weiß nicht mehr.

Ich hielt mich nur noch an der Säule fest und hoffte, dass ich es überstehe, ohne umzufallen. Heute frage ich mich, wie das ging, dass das draußen niemand gehört hat. Vielleicht hat es auch jemand gehört und gedacht – ach, was weiß denn ich ... Dann war mit einem Schlag Stille. Vielleicht hatte der da vorn ein Zeichen gegeben. Keine Ahnung. Dann rief er laut mit normaler Stimme: „Ich kann den Herrn sehen, durch die Reihen gehen!" Es wurde kalt, als ob jemand einen riesigen Kühlschrank aufgemacht hatte. Ich sah niemanden. Blickte um mich. Wartete.

Wwwubbb! – ganz hinten im anderen, im linken Säulengang ging eine Fackel aus. Da war niemand ... zu sehen ... *Wwwubbb!* – die hintersten beiden Fackeln im Mittelgang gingen aus. Man brauchte sich nichts mehr vorzumachen, auch wenn ich niemanden sah – da war etwas. Kommt es jetzt her zu mir? Ich krampfte mich nur noch an die Säule. Mein Herz – ich könnte nicht mit Sicherheit sagen, dass es noch geschlagen hat. Wahrscheinlich aber schon. Im Auditorium war atemlose Stille. Wohin wendet es sich jetzt? Seit den zwei Fackeln im Mittelgang ganz hinten war noch nichts wieder ausgegangen. Überlegt es? Nein. *Wib–wib–wib* – die ersten Kerzen im Mittelgang gingen aus. *Wwwubbb!* – eine Fackel. Es bewegte sich vorzu. Gott sei Dank! *Wib–wib–wib–Wwwubbb!–wib–wib–wib–Wwwubbb!*

Es war so kalt geworden, dass ich meinen Atem sehen konnte. *Wib–wib–Wwwub!–wib–wib–wib* ... Ganz langsam kroch etwas den Mittelgang entlang und hinterließ Dunkelheit und Kälte. Als die letzte Fackel ausgegangen war und das Ding den Bereich mit dem Rundbogentisch erreicht hatte, wichen die, die vorn auf den Stühlen saßen, zur Seite. An den Außenseiten brannten immer noch so viele Fackeln und Kerzen, dass man alles gut beobachten konnte. Das Problem war nur, ich hatte absolut keine Lust mehr noch überhaupt irgendetwas zu sehen. *Hinaus!*, war der einzige Gedanke, den die Vorsicht in mir dachte. Ich wollte eigentlich nicht einmal denken, weil ich Angst hatte, meine Gedanken könnten so laut sein, dass alle sie hören. Und wer weiß, was dann ...

Die Stille hielt immer noch an. Ein Ton wuchs aus der Stille. Ganz leise, von ganz unten, wie bei einem Hörtest. Auf einmal ist er da, aber du weißt, dass er vorher auch schob da gewesen ist. Es waren die Massen, die zu Summen begannen. Plötzlich verstand ich – woher weiß ich nicht – was das zu bedeuten hatte: Es war ein Transportmittel. Es hob etwas hoch. Eine Plattform, die nach oben ausgefahren wurde. Eine geistige Plattform. Der Sinn, das Ziel war Kommunikation.

Und dann hörte ich. Ob mit den Ohren oder anders, kann ich nicht sagen. Der Geist sprach. Er sagte – oh, waren diese Worte schrecklich und kalt! Bitte lasst sie mich frei wiedergeben! – er sagte, dass das Leben von allen hier ein einziges Meditieren über nichts sein soll, ein völliges Versunkensein in sich selbst.

Das Summen schwoll zu einem Kreischen an, als wären sie dankbar für diese Antwort, und wurde dann sofort wieder ein Brummeln. Der Geist sprach weiter: „Ihr seid meine verhassten Kinder und ich bin euer Vater. Aber noch nicht alle sind ganz rein."

Eine Klinge durchbohrte mein Innerstes. Er sprach zu mir, der Liebe, zu mir! „Ich rieche den Gestank des Feindes", brüllte er. Eine eisige Hand legte sich von hinten auf meinen Nacken. Wieder kreischten sie. Ich drehte mich um. Da war niemand. „Ich sehe dich, kleine Maus!", rief er. Er hatte mich gefunden. Und ich erkannte ihn. Mein Gott, wie entsetzlich hohl und leer er war. Ich sah seinen Namen: Er war *Einsamkeit*.

Da schüttelte es mich nur noch. Ich stürzte zur Tür. Ich dachte, bitte, Gott, lass sie auf sein! Ich warf mich gegen das schwere Eisenschloss. Die Tür war unverschlossen. Danke! Hinter mir lachte es. Ein furioses Kreischen. Die Luft draußen, scharf wie Rasierklingen, fuhr mir tief in die Lungen. Zu viel für mich. Ich wollte nicht ohnmächtig werden. Bitte nicht hier! Fort! Fort! Nur fort von hier! Hinter mir das Kreischen. Fliehen! Entkommen! Ich rannte sinnlos. Orientierungslos. Über Wiesen. Über Grundstücke. Sprang über Hecken. Kletterte über Zäune. Fiel hin. Raffte mich wieder auf. Was mir entgegenkam, musste ich *über*winden. Ich kam nicht einmal auf die Idee einen Weg außen herum zu nehmen. Geradeaus! Rechts und links gab es nicht. Ich denke, wenn ich vor einem Haus gestanden hätte, wäre ich einfach die Dachrinne hochgeklettert. Weg! – alles, was ich wollte. Ich kam an den Stadtrand. Ich hatte Seitenstechen und humpelte. Ich ging. Ich schleifte mich. Weiter, immer weiter. Nur weg! Ganz weit weg! Ich kam an Felder. Ich lief quer über frisch gepflügte Äcker. Durch kniehohes Getreide. Ich kam an einen Waldrand. Ich fürchtete mich, wollte nicht in den Wald. Freie Fläche, nur Hauptsache freie Fläche! Feine Nebelstreifen auf Augenhöhe kamen mir entgegen. Es war, als ob sie sich vor mir zerteilten und hinter mir wieder schlossen. Wie grölende Massen, durch die ich zum Spott hindurch gejagt, hindurch gepeitscht wurde. Das Kreischen war immer noch da. Ich weiß nicht, ob ich es wirklich hörte oder ob es nur nachhallte. Ich zog den Kopf tief zwischen die Schultern. Und lief und lief und lief. Über Hügel. Weiter oben war kein Nebel mehr. Das Kreischen blieb langsam zurück. Über mir die Sterne. So eine klare Nacht. Bergauf, bergab – ich weiß nicht, wie lange ich gelaufen bin. Sinnlos. Ewig lange. Viele Kilometer. Mein Körper schien auseinander zu fallen. Sogar meine Zähne. Ich gierte nur noch nach Wasser. Es machte mir schon Bilder vor. Ich sah den Abgrund. Er war entsetzlich. Dort war Tod (*und Heulen und Zähneklappern*, fuhr es mir durch). Ich weinte ohne Tränen. (*Heulen und Zähneklappern.*) Ich wollte aussteigen, ich wollte weg sein. (*Heulen und Zähneklappern!*) Einfach verschwinden. Ich lief, um anderswo weiterzuleben. Doch es ging nicht, ich kam nicht los. Am Ende muss ich wohl nur noch getaumelt

sein. Irgendwo auf einer Wiese bin ich dann mit einem über-
dimensionalen Gedanken – *Bitte Wasser!* – umgefallen und
liegen geblieben.
Ich wusste, dass das Ende mit dieser Stunde gekommen war.
Egal. Alles egal. Wahrscheinlich schlief ich in der Erwartung
ein, dass es jetzt so weit wäre. Es war überwältigend erleichternd, nicht mehr weitermachen zu müssen. Einfach hinab-
sinken. Nur einen Moment lang durchzuckte mich noch eine
große Reue, weil es niemanden gab, von dem ich mich hätte
verabschieden können. Oder war das schon im Traum?
Ich glaube, da waren keine Träume mehr.

18

Ich erwachte, weil es unangenehm kalt war auf dem Boden.
Ich machte die Augen auf und sah, dass mir die Sonne direkt
gegenüber stand. Sie konnte noch nicht lange herausgekom-
men sein. Um mich herum summte und brummte und surrte
und zwitscherte es. Ein Zitronenfalter flatterte hüpfend durch
die Luft. Das Gras war ganz nass von der Nacht. An den Hal-
men glitzerten dicke Wassertröpfchen.
Ich war aber zu schwach, um mich umzudrehen. Ich schloss
die Augen, um weiterzuschlafen. Endlos schlafen. So könnte
es sein. Die Kälte vom Erdboden war tief in mich eingezogen.
Im Halbschlaf begann ich mir Sorgen zu machen. Und dann
doch wieder nicht. Was sollen mir ein Paar kalte Nieren? Was
kann mich das jetzt noch berühren? Es war doch wirklich
nichts Bedeutendes. Das konnte mich nicht dazu bringen
aufzustehen. Es war so schön, einfach da zu liegen. Von keinem belästigt. Frieden, endlich. Meinetwegen könnte ich jetzt
sterben.

Da drängte mich plötzlich ein anderer Gedanke sehr deutlich. Er sagte: *noch ist die Wiese nass. Später aber wird die Sonne sie getrocknet haben. Wenn du also trinken willst, dann tue es jetzt. Sonst bist du wirklich tot, wenn du aufstehen willst.*
Ich fragte mich im Traum eine Weile, ob ich tot sein wollte oder lebendig. Ich kam zu keinem Ergebnis. Trotzdem drehte ich mich um. Ganz langsam. Irgendwie. Fremd gesteuert. Mein Gesicht fiel ins Gras und ich machte den Mund auf. Ach, als der erste Tropfen auf meine Zunge kam ... Das war schon ein gutes Gefühl. Und der zweite und der dritte Tropfen ... Das war sogar etwas ganz Hervorragendes! Wenn ich das eher gewusst hätte! Ich begann das Gras zu lecken. Unglaublich! Das war pures Leben! Ich leckte die Wiese ab wie ein Hund. Auf allen Vieren kroch ich über den Boden und leckte und leckte so viel ich konnte. Es war mir unbegreiflich, wie *viel* Leben in einen zurückkehren kann, nachdem es verschwunden war. Jeder Zungenschlag zündete eine kleine euphorische Explosion in mir. Wie ein elektrischer Fluss kehrte die Kraft in meine Glieder zurück, als hätte mich jemand verkabelt und endlich wieder den Strom aufgedreht. Aber es war auch recht anstrengend. Es war so anstrengend, dass meine Arme und Beine zitterten. Darum legte ich mich, als ich fürs Erste genug getrunken hatte, hin und schlief weiter. Das nächste Mal erwachte ich, weil mir die Sonne voll ins Gesicht schien. Alles war Rotgelb hinter meinen Augen und als ich blinzelte, sah ich direkt in ihr siedendheißes, weißes Licht. Keine Ahnung, wie lange ich geschlafen hatte. Ich fühlte mich etwas besser und setzte mich hin. Inzwischen war mir auch warm geworden – ich hatte ja alles schwarze Klamotten an. Als ich die Hand über meine Augen hielt, sah ich die Stadt mir zu Füßen liegen.
Das musste der ...berg sein, auf dem ich mich befand, die höchste Erhebung nahe des Stadtrandes! Wie war ich hierher gekommen? Ich war in der Nacht gelaufen. Gut, sogar ziem-

lich weit. Aber so weit? Das war ja fast um die halbe Stadt herum. Vom Alten Auditorium (Aah, – ich erinnerte mich wieder, alles war plötzlich wieder da! Schauderlich, sogar bei Tag!) bis hierher waren es bestimmt fünfzehn Kilometer! Schräg rechts von mir stand die Sonne im Zenit. Strahlend blauer Himmel. Über der Stadt hing ein dunkler, bräunlicher Dunstfilter. Aus dem Häusermeer stach da und dort eine kleine Turmspitze heraus. Links, im Nordwesten, spiegelte sich die Sonne in den Hochhaus-Fassädchen. Weit weg, unten am anderen Ende, mussten die Parks und das Alte Auditorium sein.

Das war das erste Mal, dass ich die Stadt verlassen hatte – in sieben Jahren! Zum ersten Mal sah ich die Stadt von außerhalb. Vom Berg aus. Eigentlich hatte ich mir schon lange vorgenommen, einmal hier rauf zu kommen. Aber das viele Zeitungslesen hat es bisher immer verhindert.

Und jetzt lag sie da vor mir ... Als ich meine Arme ausbreitete, konnte ich von einem Ende der Stadt bis zum anderen reichen. Seltsames Bild – dass ich plötzlich so groß war. Ganz schön verschoben. Aber es fühlte sich irgendwie gut an. So luftig. So nach Kraft.

Ich stand auf und machte mich auf den Weg nach Hause, die Wiese hinunter. Die Beine waren noch schwach, alles tat mir weh, aber es ging. Die Erinnerung an gestern Abend beschäftigte mich die ganze Zeit. Mir graute wieder vor der Stadt. Doch es gab ja keinen anderen Ort für mich, an den ich zurückkehren konnte. Die Stadt wurde immer größer, verlor ihre übersichtliche Dimension. Je näher ich den Gärtnereianlagen kam, mit denen die Stadt im Südwesten beginnt, um so mehr fragte ich mich, wie es denn sein wird, wenn ich die Stadtgrenze überschreite. Wird mir ein nach Kernseife und kaltem Schweiß riechendes Geschöpf entgegentreten und „Herzlich Willkommen zu Hause" zuzischen? Das befürchtete ich tatsächlich. Darum hielt ich die Augen offen.

Stattdessen begegnete ich, als ich durch die Gartenanlagen und zwischen den Gewächshäusern lang lief und *nichts Schlimmes passierte*, einem älteren Mann mit Gummistiefeln, Halbglatze, und einer blauen Latzhose. Als er mich sah, fragte er, was denn mit mir los sei. Ich würde ja schlimm aussehen. Ich zuckte mit den Schultern.

„Na, mal mit reinkommen? Musst dich ja waschen. Willst so in die Stadt? Kannst nich so draußen rumlaufen."

Erst da blickte ich an mir herunter und sah, dass ich wirklich wie ein Schwein aussah. Dreckige, zerrissene Hose, schlammverschmierte Schuhe; meine Hände waren braun von angetrocknetem Blut und meine Lederjacke an mehreren Stellen aufgerissen. Sonst wäre mir das vielleicht peinlich gewesen. Aber jetzt dachte ich nur, Mann, du weißt ja nicht, was ich gestern erlebt habe. Ich wollte weitergehen. *Das ist nichts für dich*, hörte ich. *Lass den Mann stehen. Du willst nach Hause. Schlafen. Vergessen.* Doch dann fielen mir die Jungs ein, mit denen ich damals vom Fußball heimgefahren war. Hässlich! Dass das immer noch so schmerzlich war! Er blickte mich fragend an. Ich nickte.

„Gut", nickte er. Er nahm mich mit in einen Wohnwagen und zeigte mir die Waschkabine.

„Willst n' Kaffee?"

„Ja. Danke.

„Heiße übrigens Rubens – wie der Maler. Und du?"

Ich trank gerade Wasser über Wasser aus dem alten Hahn. Dann wollte ich mich schnell waschen. Ich nannte meinen Namen und kam mir im selben Moment vor wie ein Lügner – ein Blick in den Spiegel offenbarte das ganze Elend. Ein Gespenst blickte mir entgegen, eine traurige Karikatur von dem, der einmal ich gewesen war, mit dunklen Augenringen, roten, glasigen Augen und eingefallenen Wangen. Die Haare waren verdreckt und meine Stirn aufgeschürft. Seitlich lief eine getrocknete Blutbahn bis zum Hals. So sah ich wirklich wie ein Kriegsgeschädigter aus. Ein Wunder, dass er so jemanden überhaupt eingeladen hatte. Ich setzte mich zu ihm an den Campingtisch. Der Kaffee lief durch und roch gigantisch.

„Hunger?"

„Ja, ziemlichen."

Er holte Brot, Butter und Bananen. Ich trank Kaffee.

„Bananenbrot ist gut. Schon mal gegessen?", fragte er.

„Nee."

„Mit Zucker – mmmh! Was Feines!"

„Danke." Ich machte mir ein Bananenbrot und trank die zweite Tasse Kaffee dazu. Es war wirklich etwas Feines.

„Tja, so is das hier", fuhr er fort und zündete sich eine Zigarette an. „Bin schon fünfundzwanzig Jahre in dem Wagen. Schon oft ausgebessert. Vor allem dachmäßig. Wohne natürlich in der Stadt. Nur zum Arbeiten hier. Is zwar nix Besonderes, kann aber leben. Macht ja auch Spaß. Kommst'n du her? Draußen geschlafen, was? Hab ich früher auch oft. Wenn mich die Gute nich mehr reingelassen hat, haha. Lange her. Noch kalt in der Nacht, hm? Weiß ich doch. Aber es wird. Gut, dass Frühling kommt. Wachsen die Blumen endlich wieder. Zigarette?"

„Ja." Ich musste husten. Er lachte rau und herzlich.

„Ist meine Erste", sagte ich weiter hustend.

„Was?" Er lachte wieder. „Gibt's doch nich!"

„Haben Sie noch eine Tasse?"

„Klar." Er goss mir nach.

Der Mann war hart und sanft – und weit wie das Meer. Sogar seine grauen Augen erinnerten mich an den Ozean. Er sah auf die Uhr. Draußen hörte man kleine Schritte. Dann kletterte jemand in den Wagen – ein blondes Mädchen mit frechem Pferdeschwanz, grüner Latzhose und Gummistiefelchen.

„Na, Schule aus?", fragte Rubens.

„Opa, hast du die Begonien schon geteilt?", rief sie außer Atem.

„Na Lisa, komm erst mal her. Sag mal Guten Tag zu dem Mann."

Sie streckte mir ihren rechten Arm entgegen und hielt den linken auf dem Rücken versteckt. Irgendwie fand ich sie wahnsinnig hübsch. Beängstigend.

„Gudn Daaag!", krähte sie.

„Hallo", sagte ich und verschluckte mich fast.

„Hast du sie schon gesteckt?" Sie hatte gleich wieder ganz große grüne Augen auf ihren Großvater gerichtet.

„Hab doch gesacht, nur mit dir. Sind alle noch in der Tüte. Hab doch extra gewartet."

Die Kleine fiel dem Großvater um den Hals und gab ihm einen Kuss.

„Oh, juchhu! Ich hab meine Handschuhe mitgebracht! Gehen wir dann raus?"

„Geh schon. Opa kommt gleich. Hier hast den Schlüssel." Er kramte in seiner Hosentasche und gab ihr einen dicken Schlüsselbund.

„Der da", sagte er. Die Kleine schnappte ihn sich und rannte raus. Im Gehen sagte sie noch: „Kommst du gleich?"

„Ja, gleich!", rief er ihr hinterher.

„Is meine Lisa", fuhr er fort. „Acht Jahre. Ganz aufgeweckt. Kommt immer her und hilft mir, der kleine Schatz. – Selber Kinder?"

Ich schüttelte den Kopf.

„Wird schon noch. Is was ganz Feines. Muss man mitgemacht haben. Wie sie aufwachsen und groß werden. Issn Wunder, echtes Wunder. Ja, die Kleine ... Die Tochter meiner Tochter. Na ja, Sohn hab ich leider keinen. Tja ... Bin aber ganz stolz auf die Kleine, haha. Hab die Kleine so gern – würde alles für sie machen. Und sie macht alles für den Opa. Is was Feines, nicht mit Gold zu bezahlen. Wenn ich hier immer allein wär – nicht mal halb so schön. Aber so – is immer was los."

Er erzählte noch ein paar Minuten von seiner Arbeit und seinen Umständen. Davon bekam ich aber gar nicht so viel mit. Ich versank immer tiefer in Gedanken.

Der Mann wusste viel vom Leben. Und es schien ihn gar nicht verdorben zu haben, dieses Leben. Was machte er anders? Dann hörte ich: „Noch Kaffee? Geschmeckt? Gut. Na dann wolln'wer mal weiter machen, ne? Lisa is immer ungeduldig. Viel zu tun hier. Brauch immer Unterstützung. Na, Lisa – is ja meine kleine Hilfe."

„Ich werde auch gehen jetzt. Danke für den Kaffee und überhaupt."

„Nichts zu danken, nichts zu danken. Wiedersehn!"

Ich ging nach Hause und war zu Tode betrübt. Todtraurig, weil ich keinen Opa hatte. Und auch keine Lisa. Keine Mutter. Keinen Vater, keine Geschwister, keine Bekannten, keine Arbeit, keinen Freund, keine Freundin, keinen Sinn, keine Lust, keine Freude – nur diese hässliche Vergangenheit. Nur diese ständige Flucht. Nur diese erbärmliche Zeitung voller Lügen. Nur meine ewig stille Wohnung. Und diese einsamen Spaziergänge in der Nacht. Und diese letzten Tage! Zu Hause zog ich mich aus, warf mich aufs Bett und weinte. Diesmal mit Tränen.

Ich weinte so bitter, wie noch nie in meinem ganzen Leben. Ich habe sehr lange geweint, bis ich ganz leer war ... und ganz kaputt. Jetzt sitze ich hier, starre ins Leere und will nicht mehr. Ich will einfach nicht mehr. Ich mache nicht mehr mit. Aus, vorbei!

19

Heute ist Donnerstag. Ich habe lange geschlafen.

Es geht einigermaßen. Körperlich. Ich hatte noch gar keine Lust, in der Zeitung zu lesen. Nur mal kurz durchgeblättert. Und einen Artikel im Sportpanorama gelesen. Ich hatte ge-

dacht, Sport ist vielleicht am ungefährlichsten in meiner momentanen Situation. Was ich dann allerdings gelesen habe, hat mich sehr schnell bereuen lassen, dass ich die Zeitung heute überhaupt aufgeschlagen habe. Es war ein Bericht über einen großen, europäischen Fußballclub. Dieser Verein hat in seiner Geschichte alles gewonnen, was es zu gewinnen gab – nationale und internationale Meisterschaften, Pokale über Pokale. Er hat sagenhaftes Geld verdient und mit diesem sagenhaften Summen hat er sich eine sagenhafte Mannschaft aus den besten und teuersten Einzelspielern der Welt zusammengekauft. Dieser Verein hatte für diese Saison, mit seiner besten Mannschaft aller Zeiten, nur ein Ziel: alles gewinnen. Genau das hat er zu Saisonbeginn groß herausposaunt. Und genau das haben ihm auch alle anderen geglaubt. Doch dann ist das Unvorstellbare geschehen: dieser märchenhafte Fußballclub mit seinem Traumteam spielte schlecht, spielte sehr schlecht, gewann nicht mehr, verlor mehrere Spiele hintereinander. In der Tabelle steht er völlig abgeschlagen irgendwo im unteren Mittelfeld – die schrecklichste Saison seit Menschengedenken. Gestern Abend war das wichtigste Spiel des Jahres für diesen Verein – „das Todesspiel" – das hat er haushoch verloren. So schlecht gespielt, wie noch nie. Eine Katastrophe! Und dann standen dort in der Zeitung diese Sätze: „*Stille kann schreien, Farblosigkeit ist schrill, Leere hat Gewicht. Man brauchte den Spielern nur in die Gesichter zu sehen, dann war einem alles klar. Dort stand vor allem eines: nichts. Die Zuschauer machten den Spielern bereitwillig Platz, denn sie wussten, was ihnen widerfahren war: Sie hatten die Wahrheit gesehen. Sie hatten einen Traum verloren.*"
Das war dermaßen niederschmetternd für mich, weil ich mich darin selbst wiederfand ... Ich dachte echt, die hätten den Bericht insgeheim über mich geschrieben. Auch ich habe die Wahrheit gesehen. Auch ich habe einen Traum verloren. Auch ich hatte in den letzten Tagen die schrecklichste Saison seit

Menschengedenken. Ich habe die drei einsamsten Personen dieser Stadt gefunden. Eine Offenbarung der Hölle. Wirklich, so muss ich es wirklich nennen. Mir fällt keine passendere Bezeichnung ein. Einsamkeit kommt aus der Hölle. Es *ist* die Hölle.

Sie fragen sich vielleicht, was der Grund ist, dass ich überhaupt noch erzähle. Es stimmt, mein eigenes Leben bedrückt mich so sehr, dass ich ... Na ja, ich denke manchmal dran. Stelle es mir vor. Ich frage mich, was danach kommt. Gott? Wenn es ihn gibt, dann will ich nichts mit ihm zu tun haben. Er würde einem ja keine Chance lassen. Würdest du, hä? Würdest du ein Wunder geschehen lassen? Antworte mir!

Er redet nicht, also was soll's. Wenn er nur befehlen kann, dann will ich gar nicht, dass es ihn gibt. Außerdem ist mein Leben so schlecht ... Mir fällt absolut nichts Gutes ein, wenn ich nachdenke. Alles ist schlecht und scheußlich. Schlimmer kann es eigentlich nicht werden. Da bin ich mir ziemlich sicher. Und das Dumme ist – wirklich, es ist fast zum Lachen und zum Verrücktwerden – ich kann nicht das Geringste daran ändern. Deshalb gibt es eigentlich nur einen Ausweg.

Aber keine Angst, ich bin ja ein Feigling. Noch ist es nicht so weit. Selbst wenn ich es wollen würde, könnte ich es nicht. Denn es bleibt noch etwas zu tun. Ein Mal, ein allerletztes Mal, muss ich noch hinaus. Jemand wartet auf mich. Der einzige Mensch, den ich in dieser Stadt wirklich gern gehabt habe. Meine liebe Madonna, meine liebe Silvia wird heute beerdigt. Das könnte ich weder ihr noch mir antun, wenn ich da nicht dabei wäre. Dann wäre ich wirklich das Allerletzte, das wäre die endgültige Schande. Sie hat mir ja vertraut. Deshalb muss ich noch einmal los. Jetzt gleich, damit ich auch rechtzeitig dort bin. In zwei Stunden beginnt die Feier. Danach wird es beendet sein. Wenigstens eine gute Sache zum Schluss. Dann will ich es vollbringen oder verrückt werden.

20

Ich bin verrückt! Ich bin endlich verrückt! Oh, wie ist das schön verrückt zu sein. So schön, so schön, so schön. Oh! Aber warte, warte, ich muss es dir der Reihe nach erzählen! Ich kam hin und alles war schon voll – die ganze Kathedrale war besetzt. Obwohl ich schon eine Stunde vorher dort war. Draußen auf dem Platz standen sie auch. Tausende. Fast alle trugen irgendetwas Schwarzes. Ich wollte ihr wenigstens noch einmal ganz nahe sein und stellte mich in die Reihe, wo man sich von ihr verabschieden konnte. Sie war ganz vorn in der Mitte aufgebahrt. Wie zwei Flügel hatte man rechts und links von ihr eine Reihe Kerzen aufgestellt. Wunderschön sah sie aus, wie eine schlafende Königin. Ihr Kopf war mit einem Blumenkranz geschmückt. Und gerade, als ich nach einer Stunde endlich vor ihr stand, drängten die Ordner alle, die nach mir kamen zurück und sagten, dass die Trauerfeier jetzt losgeht.

Dann sagten sie zu uns, wenn wir in der Kirche bleiben wollten, sollten wir uns noch irgendwo einen Platz suchen. Ich hatte ihr zur Ehre meinen allerbesten Anzug (meinen einzigen!) und mein einziges, wirklich gutes Hemd angezogen und sogar eine Krawatte, was ich sonst nie mache. Wissen Sie, wo man mich hinsetzte? In die zweite Reihe ganz am Rand, genau am Mittelgang! Irgendjemand, für den ein *Reserviert*-Schild dort lag, war nicht gekommen. Und wissen Sie, wer vor mir saß? Leonard Walter Catz. Er hatte sogar in der Kirche eine Sonnenbrille auf, der alte Heuchler!

Die Zeremonie begann mit einem düsteren Orgelspiel. Sie haben den Namen, von wem es ist, schon gesagt – ich habe ihn mir aber nicht gemerkt. Irgendein Italiener. Bach war es jedenfalls nicht. Dann sang der Chor. Und dann schritt Leonard Walter Catz nach vorn, nahm im Gehen effektvoll seine

Sonnenbrille ab und betrat das Podest des Rednerpults. Dort blieb er eine Weile mit gesenktem Kopf stehen. Er stützte sich mit beiden Armen am Rand des Pults ab, dann machte er eine Bewegung, die einfach zu langsam war, als dass man sie Ruck nennen konnte, stellte sich gerade hin und fing mit kräftiger Stimme an zu sprechen: „Verehrte Trauergäste, geschätzte Bürgerinnen und Bürger dieser Stadt, liebe Freunde, bevor ich beginne, möchte ich mich bei allen, die in diesen Tagen Anteil an meinem und am Leid meiner Familie nehmen, bedanken."

Pause. Weiter: „Es kann für einen Menschen nichts Schwereres geben, als die Person, die er über alles liebte, zu verlieren. Meine Trauer über den Tod meiner Frau Silvia" – hier machte er noch eine kleine Kunstpause, dann sprach er deutlich leiser weiter – „ist unendlich. Wer jemals das Glück hatte, Silvia kennen zu lernen, kann bezeugen, dass man sie mit vollem Recht Madonna nannte."

Neben und vor mir nickten einige Köpfe stumm. „Silvia war die gutherzigste Person, die mir in meinem ganzen Leben begegnet ist. Wir alle kennen den Eifer, mit dem sie sich für elternlose Kinder einsetzte. Wir alle wissen um den Glanz, der von ihr ausging. Wir alle liebten sie dafür. Silvias Vorbild stärkte uns in unseren Entscheidungen. Silvia redete uns gut zu, wenn" – hier schien er kurz zu stocken, sich zu besinnen – „es notwendig war. Silvia an unserer Seite zu haben, war bis zum letzten Tag unsere größte Freude. Dieser letzte Tag war auch der Tag ihres größten Triumphes, der Tag, an dem sie ihr Werk mit einer weiteren Ausdehnung krönte, eine Ausdehnung, die zusätzliche Verantwortung, noch mehr Einsatz und Hingabe und noch viel mehr Mut erfordert hätte. Silvia allein war in der Lage dieses Opfer zu bringen.

Doch der Tag des Triumphes wurde ihr nicht gelassen. Manchmal sind gerade unsere größten Siege der Beginn einer Niederlage." Er wartete.

„Es waren Menschen, die so unwürdig sind, dass es sich nicht einmal lohnen würde ihren Namen auszusprechen, wenn sie schon bekannt wären. Wie Geschwüre sind sie über eine wundervolle Frau hergefallen und haben sie und viel von dem, was wir liebten, zerstört."

Hier schluchzte irgendwo weiter hinten jemand laut und heftig auf. „Doch nicht alles konnten sie uns nehmen. Nicht die Erinnerung, nicht unser Mitgefühl, nicht unsere Hoffnung. Die Erinnerung an Silvia, die wahre Mutter vieler, unsere geliebte Freundin, meine über alles geliebte, ermordete Frau, wird uns nicht schwächen, sondern stark machen. In unserer Erinnerung wird sie und das, was sie uns bedeutet, weiterleben. Hier haben ihre Mörder verloren. Ja, ich sage es noch einmal: verloren haben sie! Doch sie haben uns auch schwer getroffen. Eines verspreche ich darum an dieser Stelle: Dies ist nicht das Schlusswort. Wer immer für diese abscheuliche Tat verantwortlich ist – er wird sich fürchten müssen. Denn der Arm des Herrn verfolgt die Gottlosen! So wenn es denn heute überhaupt einen Trost geben kann, dann diesen, dass ich nicht ablassen werde, bis die Mörder gefangen sein werden. Mir persönlich half Silvia immer meine Kraft auf diese Stadt zu bündeln. Gemeinsam lebten wir die Hingabe an diese große Aufgabe. Und wir werden es weiter tun. Der Glauben an Recht und Gesetz, an das Gute, der sie auszeichnete, wird in uns weiterleben und mir auch in der Zukunft ein wahrhaftes Licht sein, so wie es bisher war. Mit all dem werde ich mich euch und dem, was vor uns liegt, widmen. Auch Dank dieser Frau. Silvia," – hier blickte er zu der Aufgebahrten, genau darauf achtend, dass sein Mund immer in der Nähe des Mikrofons blieb – „ich bin sehr stolz, dass du meine Frau warst. Ich danke dir für all die wundervollen Jahre." Er machte eine Verbeugung. Dann sagte er: „Gott wird die Schuldigen strafen!"

Er begab sich wieder auf seinen Platz. Man hörte leises Murmeln. Kurz bevor er sich setzte, sah er mir in die Augen. Er kannte mich nicht. Das schien ihn zu verwirren. Wer bist du, fragte sein strenger Blick. Diesmal werden sie es nicht fressen, dachte ich. Es hat den Leuten nicht gefallen, Leo! Sie glauben dir nicht alles. Du hast schlecht gespielt. Zu überzogen. Zu künstlich. So versuchte ich, meiner Wut Befriedigung vorzugaukeln. Aber natürlich würde niemand ihn in Verruf bringen, nur weil er vielleicht nicht die gefühlvollste Totenrede der Geschichte gehalten hatte. Der arme Mann muss ja noch ganz neben sich stehen, werden sie denken. Und in so einer Situation Fassung zu zeigen, das muss unheimlich schwer sein, werden sie weiter denken. Außerdem wussten sie ja nicht, was ich wusste. Niemand würde überhaupt nur auf die *Idee* kommen, dass etwas nicht passte. Für Leonard Walter Catz, das war mir jetzt klar, bestand nicht die geringste Gefahr. Wie konnte er aber ernsthaft mit diesem Satz aufhören? Gott wird die Schuldigen strafen! – Er glaubt nicht an Gott, das war die einzige Erklärung. Sonst könnte er so etwas nicht sagen. Bei so einem Satz wäre sogar ich vorsichtig gewesen. Das sagt man nur, wenn man sich zu sicher fühlt. Und das war schon immer der größte Fehler, den die ganzen Verbrecher gemacht hatten. Ich wusste es. Ich allein, in diesem Moment. Der Chor sang wieder ein Lied; von Mozart, glaube ich. Es klang wunderschön. Lami Crosa, oder so ähnlich. Eine Dame vor mir warf sich ein schwarzes Tuch über die Schultern. Mir wurde es auch etwas kühl in der Kathedrale. Ich bedauerte gerade, dass ich kein Lateinisch verstand, da geschah etwas Unglaubliches: rechts und links der aufgebahrten Madonna Catz ging eine Kerze nach der anderen aus: *wip – wip – wip – wip.* Niemand schien es zu bemerken, nicht einmal die Kirchendiener. Mir wurde eiskalt. *Er* war also auch gekommen. Das war ja eine ganz spezielle Situation. Dann waren wir ja alle versammelt – die Nummer vier, die Nummer drei, die Nummer zwei und die Nummer eins. Denn eben stieg der Kardinal, noch während des Chorgesangs, mit hochgerafftem Gewand zur Kanzel hinauf.

Er wartete, bis der Chor verstummt war, dann wartete er noch ein bisschen, dann bekreuzigte er sich und dann sagte er: „In nomine patris et filii et spiritus sancti. Amen. Wir danken dir, Bruder" – dabei blickte er zu Leonard Catz; dieser nickte – „für diese warmherzigen Worte über unsere zu früh dahingegangene Schwester. Und wir danken der Muttergottes, dass sie dir die Stärke dazu verliehen hat. Ich habe mir lange überlegt, welches Trostwort ich heute an dich, an euch und wenn ich sogar mich mit einbeziehe – an uns alle richten sollte.

Es ist der Tod in unsere Mitte getreten und hat uns etwas Liebes auf unvorstellbar grausame Weise entrissen. Wir verstehen es nicht. Und wir sind damit nicht allein. Zu allen Zeiten haben die Menschen unter dem Tod gelitten. Sie haben getrauert und waren verzweifelt – so wie auch du und ihr und ich heute trauern und verzweifelt sind."

Leonard Catz nickte wieder.

„Ich möchte über eine Stelle aus dem Lukasevangelium predigen, Lukas acht, zweiundfünfzig. Dort steht: *Alle aber weinten und klagten um sie. Er aber sprach: Weinet nicht! Denn sie ist nicht gestorben, sondern sie schläft nur.*" Er machte eine Pause.

Dann fuhr er fort. „Weinet nicht, denn sie ist nicht gestorben – sie schläft nur. Sie schläft nur! Unsere Schwester schläft nur. Es fällt mir verständlicherweise immer etwas schwer sie so zu nennen, aber heute tue ich es: Silvia Madonna Catz ist nicht tot. Sie schläft nur.

Freilich können wir sie aus diesem Schlafe nicht erwecken. Es steht dort zwar weiter: *und er ergriff ihre Hand und rief und sprach: Kind, steh auf! Und ihr Geist kehrte zurück und sogleich stand sie auf,* doch dies ist als ein Gleichnis zu sehen. Nichts ist erstens so schlimm, wie es den Anschein hat. Wir selbst sind gemeint, deren Geist zurückkehren soll, damit wir wieder aufstehen können. Der Tod ist also nicht nur in den Toten, sondern auch in den Lebenden."

Das stimmte. Aber etwas gefiel mir nicht. Mir wäre lieber gewesen, das Mädchen wäre *wirklich* wieder lebendig geworden. Es wäre doch schön, Madonna Catz würde wieder aufstehen, jetzt, dort vorn, vor allen Augen. Das wäre ein echtes Wunder. Wer hat denn etwas davon, wenn sie tot bleibt? Das machte doch keinen Sinn. Ich hoffte, das Wunder würde geschehen und sie würde die Augen aufschlagen, ganz langsam ihren blumengeschmückten Oberkörper aufrichten in dem silbernen Bett, sich umsehen und fragen: Wo bin ich? Stattdessen hörte ich, wie der Kardinal sagte: „Doch wenn der Tod auch in den Lebenden ist, dann ist kein Unterschied mehr zwischen Tod und Leben.

Und so wissen wir uns weiter mit Silvia verbunden, ja müssen Verbindung haben! Wir sollen nie die Hoffnung verlieren, egal, was auch geschieht. Es gibt immer einen Ausweg – das ist die Botschaft des Textes. Vielleicht ist es sogar egal, weil alles eines ist. Wir wissen, dass wir keine Toten auferwecken können. Doch wenn wir erkennen, dass sie gar nicht tot sind, sondern nur schlafen, sich nur an einem anderen Ort aufhalten, dann kann das tröstlich sein für uns. In der Tat, wer von uns möchte nicht, dass der Tod seinen Schrecken verliert? Wer von uns möchte nicht manchmal –" der Kardinal stockte, zuckte und griff sich um den Bauch an die Hüfte „– solch eine sanfte Erleichterung, solch ein friedliches Hinübergleiten in das Reich, in dem die Seele endlich frei sein darf? Der Tod gehört nicht zum Leben. Aber Leben und Tod sind sich näher, als wir oft annehmen. Der Schlaf ist die Verbindung zwischen beiden. Seht sie euch an, wie friedlich sie da liegt –" Dabei streckte er seinen Arm aus und wies, mit der Handfläche nach oben, auf die aufgebahrte Madonna Catz – „Es ist der Schlaf einer Frau, der nichts mehr genommen werden kann." Hier schluchzte wieder jemand mehrmals laut auf.

Ich hatte so ein komisches Gefühl, als ob etwas falsch wäre. Als ob sich vor meinen Augen eine große Schande abspielte.

Als ob hier etwas zusammengepresst werden sollte, was nicht zusammen gehört.

Der Kardinal hob wieder an: „Manchmal erscheinen uns alle Plätze so leer und verlassen. Manchmal scheinen wir nicht zu wissen, wofür wir überhaupt noch leben. Silvia Catz wusste wohl mehr als die meisten von uns, wofür sie lebte. Sie war eine stille Heldin. Eine Heilige, oh ja. Ein hirnloses Verbrechen hat unsere Herzen aufschreien lassen. Aber hinter dem Vorhang des Schlafes werden alle Tränen getrocknet. Die Heilige Schrift sagt: *denn siehe, alles Weinen und alles Wehgeschrei wird dann nicht mehr sein.*"

Worauf will er hinaus, dachte ich.

„Silvia, lieber Leonard, kannte die Einsamkeit, das Weinen und das Wehgeschrei. Und sie kämpfte dagegen. Deshalb musste sie sterben. Silvia war eine starke Frau. Darin ist sie uns allen ein Vorbild ... Glaubt nicht, dass sie noch leidet. Oh, ihr ist vieles erspart geblieben." Das ergab wenig Sinn. Der Kardinal schien den Faden zu suchen. „Wer immer nur schwach ist, wer immer nur die andere Wange hinhält, der wird weiter weinen und wehschreien. Und dennoch ... Wer kann sagen, wie es diesem Gott gefällt? Wie heißt es – *wer kann seinen Ratschluss schauen?* Niemand. Ich bete glühend zur Muttergottes, dass sie uns möge Antwort geben, auf die Fragen, die er uns nur zu stellen gedenkt."

Der Kardinal sah sehr angespannt aus. Er schien etwas abzuwarten, dann fuhr er fort: „Doch wir, die wir noch hier sind ... manchmal wollen wir ... kämpfen. Manchmal müssen wir ... kämpfen. Kämpfen gegen Erbärmlichkeit und Erniedrigung, gegen Tränen und Schmerzen. Es ist nicht immer leicht das Leben mit all seinen Gesichtern als Geschenk anzunehmen – *tuoah!*"

Bei dem letzten Wort krümmte er sich zur Seite und schlug mit der flachen Hand unkontrolliert auf den Kanzelrand. Die Kerzen, die rechts und links an der Kanzel aufgesteckt waren, flackerten hektisch. Auf den Bänken wurde es unruhig. Die Leute begannen zu tuscheln.

„Das Leben unserer Schwester war ein Geschenk an uns alle", fuhr der Kardinal beherrschter fort. „Wir wissen nicht, wer uns dieses Geschenk genommen hat. Dieser Gott gibt wohl reichlich, in allem Überfluss, aber er nimmt auch um uns zu festigen, ja, um uns zu festigen!" Das schrie er fast. Dann blickte er zur Seite und murmelte einige Worte, als würde er sich mit jemandem unterhalten, der nicht zu sehen war. Dabei blitzen seine Augen und er sah irgendwie zornig aus.

„Der Teufel aber ist ein Menschenmörder von Anfang an. Wer immer Madonna Catz umgebracht hat, hat Blut auf sich geladen und muss ... sich", (es fiel ihm sichtbar schwer), „verantworten. Die Rache ist mein, sagt der Allmächtige!" Er machte eine Pause und presste die Lippen aufeinander.

Mir kam ein Gedanke. Ich tippte Leonard Catz von hinten auf die Schulter. Er rührte sich nicht. Da beugte ich mich etwas vor und flüsterte ihm ins Ohr: „Ich weiß, wer sie umgebracht hat. Sie hat mir alles erzählt. *Du* hast sie umgebracht!"

Er zuckte zusammen, blieb aber sitzen, als wäre nichts geschehen.

„*Du* bist ihr Mörder!", flüsterte ich noch einmal. Diesmal blickte er rasch nach unten, machte aber wieder keine Andeutung irgendwie darauf zu reagieren.

Kardinal Zacharias sprach weiter: „Unsere Schwester, Verzeihung, ich meinte Gott, meine Schwestern und Br – *uoah!* – Verzeihung, er, Gott, ist ein gerechter Gott, ein gerech-ter Gott. Er wir den nicht ungestraft lassen, der seinen Namen missbraucht! Wenn er Liebe sagt, dann ist Liebe – und sagt er Hass, dann ebenso –."

Die Flammen zuckten ganz klein; sie waren nur noch blaue Punkte. Im Kirchenraum wurde es lauter. Der Kardinal sammelte sich und holte Luft, schien aber verwirrt.

„Im Anfang schuf Gott Himmel und Erde. Und er schuf sie als Mann und Frau. Doch die Schlange war listiger als alle

Tiere des Feldes." Der Kardinal klammerte sich an die Kanzel. Seine Stimme wurde krächzend. „Und es reute Gott, dass er den Menschen ... gemacht hatte und er sprach: Ich ... will den Menschen ... ausrotten ..."

Auf den Kirchbänken hörte man erste Worte der Entrüstung. Der Kardinal beugte sich nach rechts und links und zischelte etwas, das wie *Hassss* klang. Fast sah es aus, als wand er sich gegen etwas. Er streckte den Arm aus und krächzte: „Und zur Schlange sprach er: verflucht sollst du sein unter allem Vieh! Und der Mensch soll seine *Hassss* nicht ausstrecken, um vom Baum des Lebens zu nehmen und zu essen! Sie sind alle schlecht. Da ist nicht einer, der gutes tut, nicht einer! Ich will ... seine Zeit be ... grenzen auf einhundertundzwanzig Jah ... re! *Uoah! Tuoah!*" Der Kardinal zuckte und krampfte sich zusammen. „Und Gott der Herr sprach: es ist nicht gut, d-hass der Mensch allein sei! Es ... ist ... nicht ...gut ...! *Houuuh*" Er winselte, heulte wie ein Tier, wie eine Frau in den Wehen, voller Schmerzen ... Dann fixierte er irgendetwas an der Decke und knirschte durch die Zähne „Du bist so unbarmherzig!" Dabei traten ihm die Adern an den Schläfen heraus. Sagte er das wirklich? Und wen meinte er?

Zur Gemeinde gewandt fuhr er fort: „Es ist ... ein Fluch! Jawohl, ein Fluch! Aber der Herr spricht ... dies ist ein verdrehtes ... ...und ver ... kehr ... tes Ge ... schlecht! Kein Un ... reiner wird ... den Himmel ... sehen!" Sein Gesicht war völlig verzerrt. Er starrte auf etwas in einer anderen Tiefe, sein Blick wurde leerer. „Je ... der stirbt a ... lein ... Verloren ... Der Tod ... ist ... unbarm ...her ... zigaahh! Mein Gott, mein Gott ... Der Hass! ... (er sah blau aus im Gesicht) Es ist ... so kalt ... so bitter! (beide Kerzen gingen kurz nacheinander aus) *Uoaaah!*" Der Kardinal schlug eine Kerze aus ihrer Halterung, so dass sie in den Altarraum stürzte und auf dem Boden zersplitterte. Er schrie, wirbelte um sich, verlor die Balance, taumelte und fiel dann rittlings polternd den Kanzelaufstieg hinab. Man hörte das Geräusch, wie er sich die Treppe um den Kanzelstand herum hinunterwand. Ich war gebannt von der Szene; ich konnte kein Wort sagen. Das Poltern schien ewig zu dauern, bis die unterste Stufe endlich ein schwarzes, rollendes Etwas ausspuckte, das als ein schlimm verrenkter Kardinal auf dem Steinboden liegen blieb und sich nicht mehr rührte. Sein purpurnes Mützchen kam etwas später hinterher gerollt. Drei Sekunden war es still, dann brach Panik aus. Viele Leute rannten zum Ausgang, einige wollten zum Altarraum, wurden aber von den Kirchendienern und Ordnern zurückgedrängt. Irgendwo sprach jemand in ein mobiles Telefon, rief dann und wurde zuletzt richtig unvornehm. Anscheinend verstand man nicht, was er wollte. Ich wusste nicht, was zu tun war. Ich schaute umher und vergaß allmählich, dass dies alles wirklich geschah. Von den prominenten Gästen auf der ersten Bank waren alle aufgestanden und davongelaufen. Einzig Walter Leonard Catz saß noch dort, vor mir, ganz starr. Als ihn jemand an der Schulter berührte, um ihn zum Gehen aufzufordern, kippte er wie in Zeitlupe seitlich aus der Bank und fiel auf den Mittelgang. Er war mausetot.

Nun war das Geschrei endgültig. Betäubt blieb ich sitzen und fühlte mich gar nicht so schlecht, weil irgendwie unbeteiligt. Das hatte doch alles nichts mehr mit mir zu tun. Lass sie rennen und machen, dachte ich, dass ist nicht mehr meine Sache. Die Geräuschkulisse um mich herum verschwamm zu einem bedeutungsleeren Brei und sie war auch gar nicht mehr so laut. Es störte mich überhaupt nicht, dass ich in diesem Moment hier sitze musste, konnte, durfte – ja, durfte! Es machte mich richtig froh dort zu sitzen. Ich wollte in diesem Moment an keinem anderen Ort auf der Welt sein. Ich hörte immer weniger von der Panik um mich herum. Ich sah ganz genau was ablief. Trotzdem kam mir alles so friedlich vor. Was regt ihr euch nur alle so auf, dachte ich. Mir war so leicht zumute. Ich wusste, es kommt nicht gut jetzt hier zu sitzen und zu grinsen – aber ich musste grinsen. Nicht aus Schadenfreude, sondern weil ich mich glücklich fühlte. Oh ja, sehr glücklich sogar. Und zwar wegen einer Bemerkung, die ich in Gedanken gemacht hatte: Damit habe ich nichts mehr zu tun. Das war gut! Das war es, was ich wollte – nichts mehr mit allem zu tun zu haben, was mich die ganze Zeit bedrückt hatte. Ich war überaus glücklich und dachte deshalb nur eines: Danke. Danke. Danke. Danke, danke, danke, danke-dankedankedankedankedankedankedankedankedanke dankedankedankedankedankedankedankedankedanke dankedankedankedankedankedankedankedankedanke dankedankedankedankedankedankedanke DANKEDANKE-DANKE!

Es kam von selbst, stürzte aus mir heraus – wie eine Flut, wie Musik! Was war das!?

Ein unbeschreibliches Glücksgefühl durchrauschte mich. Noch wusste ich nicht, wofür genau ich dankbar war – und wem. Da rief einer meinen Namen. Einer, der kein Mensch war. Ich stellte die überflüssigste Frage meines Lebens: „Wer bist du?"

„Der, den du gesucht hast."

„Du ... ? Du?"

„Ja, ich."

„Du kommst zu mir ...?"

„Ich habe dich immer gesucht."

„Aber du weißt, dass ich dich nicht wollte."

„Ja, ich weiß."

Er war so unvorstellbar freundlich ...

„Wirst du wieder weggehen? Wirst du mich wieder verlassen", fragte ich ihn. Das war das Schlimmste, was ich mir denken konnte.

„Nein. Ich werde bleiben."

„Aaah –. Kann ich dich sehen?"

„Deine Augen dürfen mich nicht ansehen. Du würdest sterben."

„Ach – nur eine Sekunde ... bitte ...!"

„Mach deine Augen zu."

Ich schloss meine Augen. Und dann – war es wie damals, als meine Mutter aus dem Kelch getrunken hatte? Ja! –Nein, viel schöner, unendlich viel schöner!

Ich sah drei ... Sie waren eng beieinander ... Sie hatten sich über alle Maßen lieb ... Sie waren wie Licht ... Einer liebte den anderen ... Unbegreiflich ... Sie wandten sich zu mir ...

„Du bist so schön ...", staunte ich. Staunen ist kein Ausdruck dafür – es gibt keinen Ausdruck dafür.

„Ich bin, was du siehst."

„Warum bist du zu dritt?", fragte ich, obwohl ich es im selben Augenblick schon verstanden hatte.

„Weil allein keine Liebe sein kann", antwortete der Dritte.

„Ja, so muss es sein. Das ist wunderschön ..."

„Siehst du jetzt, was das Leben ist?"

Es war so herrlich! „Oh ja!" Schrecklich ... „Ich bin allein ..."

„Du warst allein. Aber du sollst leben."

„Ja, ja, das will ich! Ich will leben!"

„Du sollst nie mehr allein bleiben", sagte der Dritte. „Mein Atem wird dich lebendig machen."

„Oh herrlich ..." Seine Worte waren vollkommener Frieden ...

„Und du", fragte ich den anderen, „was bist du?"

„Ich bin das Geheimnis des Universums", sprach der Zweite. Er zeigte mir seine Wunden. Er war über und über zernarbt. Aber diese Narben waren so unendlich schön, dass ich sie küssen wollte ... Ja, das war das große Tor ... ich erinnerte mich ... oder wusste ich es nur durch diesen Augenblick?

„Du bist der, der dieses herrliche Leben verlassen hat? Das muss eine gewaltige Lücke gerissen haben ..."

„Du sagst es."

„Warum hast du das getan? Es ist so schön bei euch!"

„Weil mein Vater mich darum gebeten hat."

„Warum hast du ihn darum gebeten? Es muss furchtbar gewesen sein. Warum hast du das von ihm verlangt?", wandte ich mich an den Ersten.

„Deinetwegen."

„Wegen mir?"

„Ja, denn die Lücke, die mein Sohn gerissen hat, hat viel Platz geschaffen." Da endlich ging der Vorhang auf ... „Damit ich hinein...?" Ich konnte so viel ... ich ... konnte es nicht mehr ertragen. Alles zerbrach. Dieser Schmerz ...

„Geh weg", sagte ich. „Es tut mir so Leid! Es tut mir so Leid! Ich habe es nicht gewusst! Es tut mir so Leid, es tut mir Leid, es tut mir doch so Leid ..." Ich sah sie nicht mehr, aber er sprach noch mit mir.

„Kind, du machst mich so glücklich. Du machst mich so glücklich!"

„Ich? Aber wie kannst du glücklich sein über mich? Wie kannst du dich über mich freuen? Ich bin schlecht! Ich bin so hässlich!"

„Erinnerst du dich an die Kinder gestern, die du beim Spielen beobachtet hast?"

Ich sah sie sofort vor mir, ganz deutlich, als würde ich gerade wieder auf der Bank sitzen. „Ja."

„Warum hast du gelächelt, als du die Kinder gesehen hast?"

„Weil sie mich an etwas Schönes erinnert haben."

„Siehst du, ich freue mich über dich, weil auch du mich an etwas Schönes erinnerst."

„Und an was?"

„An dich selbst. An den, der du wirklich bist. Ich sehe etwas, das du gar nicht kennst. Nichts, was schlecht ist, ist darin noch übrig."

„Was ist das Schöne? Und wo ist es? Hier gibt es überhaupt nichts Schönes außer dir."

„Es ist die Wahrheit. Es ist am Anfang. Und es ist dort, wo du in mir bist."

„Ich will es auch sehen!"

„Du verstehst jetzt noch nicht alles. Aber ich werde es dir zeigen, mein Kind. Weil du meinem Ruf gefolgt bist."

„Welcher Ruf? Die Liste – das warst du?"

„Ja, ich."

„Wie viele hast du denn gerufen?"

„Ich habe alle gerufen. Jeden so, dass er mich hören kann. Aber du bist meiner Stimme gefolgt. Viele sind verloren gegangenen. So viele sind dahin ..."

„Aber Leonard Catz und der Kardinal ..."

Eine krampfartige, panische Angst und Traurigkeit stieß in meinen Bauch hinein.

„Ach Kind ... sie hatte ich auch gerufen. So etwas Schönes wollte ich ihnen zeigen. Freiheit und Wahrheit und Reichtum und Sanftheit ... Ja, und Liebe ... Ach, sie hätten sich so gefreut ... Aber sie haben sich mit aller Kraft gewehrt. Sie wollten es nicht glauben. Da musste ich sie ziehen lassen. Ich wollte sie nicht zwingen."

„Aber sind sie denn verloren? Es ist furchtbar kalt dort! Es ist ... furchtbar!"

„Ich weiß." Er klang traurig.

„Sind sie denn alle verloren?"

„Nicht alle. Es gibt noch andere."

„Wirst du sie mir zeigen?"

„Ich werde sie dir zeigen. Du wirst viel finden, mein Kind."

„Oh ... Ich bin so froh", sagte ich, „die letzten Tage ... und jetzt ... endlich ..."

„Ich kenne deine Angst. Doch ich war bei dir, die ganze Zeit. Meine Hand hat dich nie verlassen. Ach Kind, Junge, mein Sohn ... Was möchtest du, das ich für dich tue?"

„Hilf mir, dass ich nicht mehr zurück muss. Ich möchte bei dir bleiben. Es ist so schön ..."

„Höre meine Stimme, und du wirst immer bei mir bleiben."

„Ja. Ja! Sag mir, was ich tun soll! Ich will alles tun!"

„Geh zurück durch die ...-Passage." (Das war die Gasse, in der ich das Plakat gesehen hatte.)

„Mehr nicht?"

„Suche mich weiter", sagte der Zweite.

„Ja ... Wo soll ich dich suchen?!"

„Suche mich, wo ich zu finden bin. Ich bin an vielen Orten. Ich bin die Liebe. Ich bin das Wort. Ich bin der ewig stehende Felsen. Ich bin die Hoffnung. Ich bin das Leben. Ich bin da. Ich verlasse dich niemals, so wie ich dich auch nie verlassen hatte. Du kannst immer zu mir kommen."

Das war alles, wonach ich je gesucht hatte. Das war das Ziel...

„Was soll ich noch tun?"

„Spiele wieder Fußball."

„Ja, das werde ich. Woher weiß ich denn aber, dass du bei mir bist?"

„Suche mich und sieh, wie ich dich liebe. Meine Liebe ist noch viel größer, als du jetzt glaubst. Aber wenn du mir glaubst, wirst du alles erkennen."

„Was soll ich denn glauben?"

„Glaube an mich. Rufe mich bei meinem Namen. Ich habe dir alles gegeben. Du wirst alles finden. Geh los, mache dich auf. Lauf, mein Kind und freue dich!"

Danach sprach er nicht mehr. Mein Glücksgefühl aber hielt noch an. Als ich die Augen wieder aufschlug, merkte ich, dass ich weinte. Die Sonne schien durch die riesig hohen, bunten Fenster herein, ganz warm – genau auf mich. Ringsum liefen immer noch viele Leute durcheinander. Zwei Sanitäter trugen gerade den toten Kardinal auf einer Bahre hinaus. Es war mir fremd, es berührte mich nicht. Allmählich nahm ich wieder Geräusche wahr. Ich begann zu unterscheiden zwischen Stimmen, Worten, Ausrufen und anderen Klängen. Es berührte mich trotzdem nicht. Ich hatte nichts damit zu tun, denn ich war glücklich. Glücklich, wie noch nie in meinem Leben. Ich weinte und ich strahlte über das ganze Gesicht. Einige Leute sahen mich verständnislos an. Aber keiner berührte mich und keiner wollte etwas von mir. Ich ging durch sie hindurch, als wären keine da. Alles funktionierte so ... spielerisch, alles war unbeschreiblich leicht und einfach. Sogar das Denken. Alles schien mir plötzlich so klar – wie ein lange verborgen gewesenes, endlich gelüftetes Geheimnis, bei dessen Aufdeckung man sich vor die Stirn schlägt, weil es so einfach war, dass man es vor lauter Einfachheit nicht erkannt hat.

Draußen wehte ein leiser Wind. Es roch süß und frisch, nach Frühling. Ich ging durch die ...-Passage. Natürlich suchte ich dort nach dem Plakat „von damals". Natürlich fand ich es. Natürlich hing es noch genau dort, immer noch hin- und herwedelnd. Aber natürlich wusste ich auch, dass es nicht das war, wonach ich suchen sollte. Und natürlich fand ich daneben die Lösung. Das Gärtnereiplakat, das ich schon damals gesehen hatte, weil man die Schrift darauf so gut lesen konnte und weil es so schön bunt aussah, hing immer noch dort.

Jetzt verstand ich, dass es sich genau um die Gärtnerei handelte, in der Rubens arbeitete und in der er zurzeit allein war und viel zu tun hatte. Und natürlich verstand ich auch sofort, dass ich jetzt nicht mehr aus Langeweile die zwei Beete hinter dem Haus, in dem ich wohne, bearbeiten muss (und wo sowieso noch nie was Gescheites gewachsen ist!), sondern bei Rubens arbeiten kann. Und ich verstand auch, warum Rubens gesagt hatte, er hätte leider keinen Sohn gehabt. Ich verstand alles! Das wird sehr schön. Und das machte mich noch viel froher, als ich sowieso schon war, denn neben Silvia Catz ist Rubens der einzige andere Mensch in dieser Stadt, der mir etwas bedeutet. So ein Zufall. Auch, dass das Einzige, was ich neben Seemannsknoten machen und Zeitung lesen einigermaßen kann, eine Gartenschere bedienen ist. Oder doch kein Zufall? *Neeein*, ganz sicher nicht! Und Fußball spielen soll ich auch wieder? Fußball habe ich schon immer gerne gespielt! Ich liebe Fußball! Zeit, dass ich mich wieder bewege. Aber ich weiß, was das heißt. Das ist mehr ... Oh, mein Vater, mein Vater ... Hoffentlich vermassele ich nicht gleich wieder alles. Nein nein, diesmal nicht!

Ich bin ja jetzt verrückt. Ja, ich bin verrückt! Ver-rückt!

Ich bin jetzt nicht mehr dort!

Ich bin jetzt hier!